Goethes *Torquato Tasso* und die historische Dichtergestalt

Reinhard Travnicek

Goethes *Torquato Tasso* und die historische Dichtergestalt

PETER LANG
EDITION

Bibliografische Information der Deutschen Nationalbibliothek
Die Deutsche Nationalbibliothek verzeichnet diese Publikation
in der Deutschen Nationalbibliografie; detaillierte bibliografische
Daten sind im Internet über http://dnb.d-nb.de abrufbar.

ISBN 978-3-631-65194-0 (Print)
E-ISBN 978-3-653-04908-4 (E-Book)
DOI 10.3726/978-3-653-04908-4

© Peter Lang GmbH
Internationaler Verlag der Wissenschaften
Frankfurt am Main 2014
Alle Rechte vorbehalten.
Peter Lang Edition ist ein Imprint der Peter Lang GmbH.

Peter Lang – Frankfurt am Main · Bern · Bruxelles ·
New York · Oxford · Warszawa · Wien

Diese Publikation wurde begutachtet.

www.peterlang.com

Lunge da voi, ben mio,
non ho vita né core e non son io.
Non sono, oimé!, non sono
quel ch'altra volta fui, ma un'ombra mesta,
un lagrimevol suono,
una voce dolente; e ciò mi resta
solo per vostro dono;
ma resta il male onde morir desio.

Torquato Tasso, *Le Rime I*, S. 63.

Wenn der Weltmensch in einer abzehrenden Melancholie über großen Verlust seine Tage hinschleicht,
oder in ausgelassener Freude seinem Schicksale
entgegen geht, so schreitet die empfängliche leichtbewegliche Seele des Dichters, wie die wandelnde Sonne, von Nacht zu Tag fort, und mit leisen Übergängen
stimmt seine Harfe zu Freude und Leid. Eingeboren
auf den Grund seines Herzens wächst die schöne Blu-
me der Weisheit hervor, und wenn die andern wachend träumen, und von ungeheuren Vorstellungen
aus allen ihren Sinnen geängstiget werden, so lebt er
den Traum des Lebens als ein wachender, und das seltenste, was geschieht, ist ihm zugleich Vergangenheit
und Zukunft. Und so ist der Dichter zugleich Lehrer,
Wahrsager, Freund der Götter und der Menschen.

J. W. Goethe, *Wilhelm Meisters Lehrjahre*, FA, Bd.
9, S. 435.

Was unsterblich im Gesang soll leben
Muß im Leben untergehn.

Friedrich Schiller, *Die Götter Griechenlandes*

Inhaltsverzeichnis

Vorbemerkung 9

1. Die Wiederkunft Arkadiens 13

   1.1 Bukolische Tradition und modernistischer Liebesbegriff 13
   1.2 Das Urbild der *goldenen Zeit* und die Einheit
       von Dichtung und Liebe 26

2. Dichtung als Totalerfahrung der Welt 49

   2.1 Der Mythos vom Heldendichtertum und die
       Großform des Epos 49
   2.2 Repräsentation des Weltganzen und subjektivistische
       Vereinzelung 65
   2.3 Das „große Ganze der Natur" und die
       klassisch-geschlossene Kunstform 80

3. Zerrissenheit als epochale Befindlichkeit 87

   3.1 Krise und Identitätsdiffusion 87
   3.2 „Tutto è nulla": Existenzmasken als Formen
       des Ich-Erhalts 96
   3.3 Elend des Dichters, Glanz der Dichtung 108

4. Literaturverzeichnis 117

Vorbemerkung

Torquato Tasso war dem Publikum der Goethezeit als Dichter von weltlite-
rarischem Rang vertraut. Vor allem sein Hauptwerk *Gerusalemme liberata*
(*Das befreite Jerusalem*)[1] wurde noch gelesen und war überdies ein beliebter
Stoff der Opernbühne.[2] Auch über die außergewöhnliche Lebensgeschichte
des Dichters war man unterrichtet.[3] Heute ist der historische Tasso nahezu
vergessen, und selbst germanistische Fachpublikationen zeichnen häufig ein
undifferenziertes Bild der zeit- und ideengeschichtlichen Ausgangslage.

Goethes Drama zeugt von großer Detailkenntnis des historischen Dichters und seines Umfelds, es muss also eine nicht unwesentliche Affinität

---

1 Goethe kannte das Werk in der Übersetzung Johann Friedrich Koppes
   schon seit seiner Jugendzeit, wie entsprechende Hinweise in *Dichtung
   und Wahrheit* (I, 1) sowie im Roman *Wilhelm Meisters Lehrjahre* (I, 7)
   belegen. Vgl. hierzu: *Johann Wolfgang Goethe, Torquato Tasso. Erläuterungen und Dokumente*, hrsg. von Christian Grawe, Stuttgart 2003,
   S. 55. Tassos *Aminta* dürfte Goethe erst in Italien kennen gelernt haben.
   Im Mai 1788 hat er eine Ausgabe in Mailand erworben. Vgl. Lieselotte
   Blumenthal, „Arkadien in Goethes »Tasso«", in: Goethe, Neue Folge des
   Jahrbuchs der Goethe-Gesellschaft 21 (1959), S. 1–24, hier: S. 2. Die Lyrik
   des italienischen Dichters wurde kaum rezipiert, und es lässt sich nicht mit
   Sicherheit sagen, in wie weit Goethe Tassos Gedichte kannte. Vgl. hierzu:
   Hartmut Köhler, „Tassos Lyrik in deutscher Übersetzung", in: *Torqua-
   to Tasso in Deutschland. Seine Wirkung in Literatur, Kunst und Musik
   seit der Mitte des 18. Jahrhunderts*, hrsg. von Achim Aurnhammer, Berlin,
   New York 1995, S. 537–553, bes. S. 539. Allerdings finden sich in Goethes
   Hauptquelle: Pierantonio Serassi, *La vita di Torquato Tasso*, Rom 1785
   (Reprint:Viareggio 1996) einige Gedichte eingestreut.
2 Besonders beliebt war das Armida-Sujet. Vgl. dazu: Albert Gier, „Ecco
   l'ancilla tua…Armida in der Oper zwischen Gluck und Rossini", in: *Torquato Tasso in Deutschland*, S. 643–660. Goethe selbst verfasste nach diesem Stoff die Kantate *Rinaldo*.
3 Über die wichtigsten Lebensbeschreibungen informiert: Albert Meier,
   „»Und so ward sein Leben selbst Roman und Poesie«. Tasso-Biographien in
   Deutschland", in: *Torquato Tasso in Deutschland*, S. 11–32.

des deutschen Klassikers zu Gestalt und Epoche bestanden haben.[4] Eine vertiefte Auseinandersetzung mit dem geistesgeschichtlichen Kontext der späten Renaissance dürfte daher auch interessante Aspekte für das Verständnis Goethes erbringen. Dabei soll es nicht nur um Quellenstudien[5] gehen, das vorrangige Anliegen der Arbeit besteht darin, jene Epochenstrukturen aufzuzeigen, die einerseits den historischen Tasso als Repräsentanten der Spätrenaissance bestimmen, andererseits Goethes *Tasso* als Produkt der frühen Weimarer Klassik und ihrer ideengeschichtlichen Konfiguration ausweisen. Dabei soll der historische Tasso mehr als nur Stoffmaterial im Sinne einer Vorgeschichte des Goetheschen Dramas liefern. Im Mittelpunkt der Überlegungen wird zwar der Tasso-Text und seine Auslegung stehen; in die Deutung soll aber zugleich der jeweils relevante historische Befund mit einfließen, sodass Goethes Figur in einer Zusammenschau mit dem Dichter der Renaissance gelesen werden kann. *Idealiter* entstehen dabei zwei unterschiedliche Epochenprofile mit teils konvergierenden, teils divergierenden Merkmalen. Viele Ideen, die in der Renaissance grundlegend entwickelt wurden, hinterlassen in der Goethezeit, ja bis in die Moderne, ihre Spuren, auch wenn die Renaissance nicht, wie es Burckhardt[6] etwas vereinfacht sehen wollte, in linearer Entwicklung die Moderne antizipiert.

Am deutlichsten lassen sich ideengeschichtliche Kontexte wohl am Beispiel prägnanter Einzelthemen darstellen. Im Zusammenhang mit dem Tasso-Drama, das zum ersten Mal in der Weltliteratur den Dichter selbst zum Gegenstand der Literatur erhebt,[7] bietet sich als Leitfrage für die

---

4   Darauf weist Lawrence Ryan hin: „[D]er historische Tasso ist ein durchaus geeigneter Träger der von Goethe anvisierten dichtungsgeschichtlichen Problematik einer bestimmten Epoche." Lawrence Ryan, „Die Tragödie des Dichters in Goethes »Torquato Tasso«, in: Jahrbuch der deutschen Schillergesellschaft, 9. Jg. 1965, S. 283–322, hier S. 322. Zu Goethe und seinem Verhältnis zur Renaissance vgl. Angelika Jacobs, *Goethe und die Renaissance*. Studien zum Konnex von historischem Bewußtsein und ästhetischer Identitätskonstruktion, München 1997.

5   Goethes wichtigste Quelle ist bekanntlich das umfangreiche Werk von Serassi (Anm.1). Siehe auch: Grawe, *Erläuterungen und Dokumente*, S. 74–82.

6   Vgl. Jacob Burckhardt, *Die Kultur der Renaissance in Italien*, Stuttgart 1976.

7   Siehe Wolfdietrich Rasch, *Goethes »Torquato Tasso«. Die Tragödie des Dichters*, Stuttgart 1954, S. 33.

Arbeit an, welche Vorstellungen von Dichtung in Goethes Schauspiel aus-
zumachen sind und wie sie sich im Dichtungsverständnis und Selbstbild
des Dichters niederschlagen. In weiterer Folge ist zu fragen, inwiefern jene
Vorstellungen für die Episteme der Epoche insgesamt charakteristisch sind.
Über den Dichtungsbegriff lässt sich auch ein Zugang zum historischen
Tasso gewinnen; auch ihm geht es vorrangig um die Bestimmung von
Sinn und Funktion der Dichtung und des Dichters in seiner Zeit. Die zu
erwartenden diskursgeschichtlichen Querschnitte liefern nicht nur einen
allgemeinen, sondern auch einen detaillierten Erkenntnisgewinn, zumal
sich die skizzierte Vorgangsweise nicht in theoretischen Annahmen er-
schöpft, sondern in erster Linie, der philologischen Tradition verpflichtet,
konkrete Textarbeit ist.

1. Die Wiederkunft Arkadiens

1.1 Bukolische Tradition und modernistischer Liebesbegriff

In Schillers Schrift *Über naive und sentimentalische Dichtung* findet sich eine Charakterisierung des sentimentalischen Charaktertyps, die explizit auf Goethes Tasso Bezug nimmt und diesen in der Nachfolge Werthers verortet:[8]

> Ein Charakter, der mit glühender Empfindung ein Ideal umfaßt, und die Wirklichkeit fliehet, um nach einem wesenlosen Unendlichen zu ringen, der was er in sich selbst unaufhörlich zerstört, unaufhörlich außer sich suchet, dem nur seine Träume das Reelle, seine Erfahrungen ewig nur Schranken sind, der endlich in seinem eigenen Dasein nur eine Schranke sieht, und auch diese, wie billig ist, noch einreißt, um zu der wahren Realität durchzudringen – dieses gefährliche Extrem des sentimentalischen Charakters ist der Stoff eines Dichters geworden, in welchem die Natur getreuer und reiner als in irgend einem andern wirkt, und der sich unter modernen Dichtern vielleicht am wenigsten von der sinnlichen Wahrheit der Dinge entfernt.[9]

Die Charakterisierung mag zwar in einigen Punkten der Perspektive Schillers entsprechen – so enthüllt der gedankliche Widerspruch zwischen dem Ringen „nach einem wesenlosen Unendlichen" und dem Festhalten der „sinnlichen Wahrheit der Dinge" eher die weltanschauliche Differenz in der Sichtweise Schillers im Verhältnis zu Goethe –, sie zeigt aber Eigenschaften auf, die die Gestalt offensichtlich auszeichnen: glühende Empfindung, Suche nach dem Ideal, Leben aus der inneren Erfahrung, zugleich Wahrnehmung der Begrenztheit und Uneinlösbarkeit des Anspruchs, bis

---

8 Vgl. hierzu: Elizabeth M. Wilkinson, „'Tasso – Ein gesteigerter Werther'" in the light of Goethe's principle of 'Steigerung' ", in: E. M. Wilkinson und L. A. Willoughby, *Goethe. Poet and Thinker*, London 1962, S. 185–213.

9 Friedrich Schiller, *Theoretische Schriften*, hrsg. von Rolf-Peter Janz, Frankfurt/M. 2008, S. 760.

an die Grenze des völligen Scheiterns, ja der Selbstzerstörung. Hierin sind Werther und Tasso vergleichbar. Tasso aber ist darüber hinaus Dichter, und darin liegt das besondere Interesse des Stoffs, jedoch auch sein im Vergleich zu Werther stärker ausgeprägter elitärer Charakter. Der Rückgriff auf den großen Dichter der Spätrenaissance darf freilich, trotz augenscheinlicher Analogien zur frühen Neuzeit, nicht darüber hinwegtäuschen, dass Goethe in diesem Drama sein eigenes Bild vom Dichter gestaltet,[10] einen „eigenen Raum künstlerischer Wirklichkeit"[11] schafft; jedoch ist dieses Bild nur aufgrund der epistemologischen Voraussetzungen der Zeit, nämlich der transzendentalen Wende in der Anschauung vom Menschen in der Epoche nach der Aufklärung, verständlich,[12] die vor allem im Bereich des Subjektbegriffs frühneuzeitliche Vorstellungen umfassender fortschreibt und radikalisiert. Unsere Überlegungen werden daher unweigerlich in die Hermeneutik eines Subjektbegriffs führen, im Zuge dessen die Qualität des spezifischen Selbst- und Weltverhältnisses des Protagonisten erst deutlich wird. Auch die ästhetische Anschauung des Goethe'schen Tasso ist von dieser geistesgeschichtlichen Voraussetzung nicht ablösbar. Zu fragen ist schließlich, ob Tasso das Schicksal des modernen Dichters[13] schlechthin versinnbildlicht oder ob es lediglich um das Drama einer herausragenden Einzelpersönlichkeit geht.

Goethe hat an dem Stück lange gearbeitet.[14] Die ersten Zeugnisse stammen aus den frühen Weimarer Jahren, die wichtigste Arbeitsphase erfolgt

---

10 Dies wurde in der germanistischen Forschung zumeist vehement vertreten, sodass darüber die Bezüge zum historischen Tasso und seiner Poetik minimiert bis gänzlich für bedeutungslos erklärt wurden.

11 Rasch, S. 39.

12 Ich beziehe mich im weitesten Sinn auf Foucaults Diskursarchäologie, sofern sie für den Diskussionszusammenhang nützlich erscheint, ohne Foucault dogmatisch zu folgen. Bekanntlich ist ja gerade seine Auslegung der Episteme des „Menschen" besonders umstritten. Vgl. Michel Foucault, *Les mots et les choses. Une archéologie des sciences humaines*, Paris 1966.

13 So Gerhard Kaiser, „Der Dichter und die Gesellschaft in Goethes »Torquato Tasso"", in: ders., *Wandrer und Idylle*. Goethe und die Phänomenologie der Natur in der deutschen Dichtung von Geßner bis Gottfried Keller, Göttingen 1977, S. 175–208, hier: S. 176.

14 Zur Entstehungsgeschichte vgl. Grawe, *Erläuterungen und Dokumente*, S. 65–71.

aber erst am Ende der italienischen Reise sowie nach Goethes Rückkehr. Zwischen den Anfängen und der letzten Ausarbeitung liegen also grundlegende menschliche und künstlerische Erfahrungen.[15] Die herausragende ästhetische Neuorientierung ist in der Überwindung der frühen Sturm- und Drangästhetik und des Geniekults zu Gunsten einer beruhigteren Ausdrucksform im Zeichen des Klassischen zu sehen, wie sie sich exemplarisch im Iphigenie-Drama darstellt. *Iphigenie* ist allerdings bereits stofftypologisch klassisches Material, während das auf *Tasso* nicht zutrifft. Der hochsensible, psychisch labile, schließlich dem Wahnsinn und der sozialen Ächtung anheimfallende Renaissancedichter entzieht sich letztlich der Vorstellung eines geordneten Weltganzen. Dass Goethe das Drama einer klassischen Formung unterwirft, erzeugt so gesehen eine eigentümliche Spannung zwischen Stoff und Ausführung, die die charakteristische offene Struktur des Stücks mit bedingt; schon von seiner gattungsmäßigen Zuordnung konnte das Drama in der Forschung bis heute nicht eindeutig bestimmt werden.[16]

Noch ein weiterer Aspekt zeichnet *Tasso* im Werkkanon Goethes aus. Mehr noch als die in etwa zeitgleiche erste Version des *Wilhelm Meister* (*Wilhelm Meisters theatralische Sendung*), der in dieser frühen Form auch als Künstlerroman angelegt war, führt das Tasso-Drama in den innersten Seelenbereich des Dichters und lässt uns Einblick in den poetischen Schaffensprozess selbst gewinnen.[17] Die Wahl des historischen Stoffs verbürgt

---

15   Das erste Weimarer Jahrzehnt Goethes steht im Zeichen praktischer Tätigkeiten im Dienst des Herzogs. Künstlerische Ambitionen mussten daher zwangsläufig in den Hintergrund treten, was bei Goethe ein Gefühl zunehmender Unzufriedenheit hervorrief. Am Ende dieser Jahre steht wohl die „Einsicht in die Fragwürdigkeit der Preisgabe seines »poetischen Talents« zugunsten einer enttäuschenden »Realität«." Vgl. Viktor Žmegač (Hrsg.), *Geschichte der deutschen Literatur vom 18. Jahrhundert bis zur Gegenwart*, Bd. I/1 1700–1848, Königstein/Ts. 1984, S. 286. Die Reise nach Italien hat Goethe selbst als „Flucht" bezeichnet (ebd.). Entscheidend war dafür wohl auch das schwierige Verhältnis zu Frau von Stein.

16   Goethe hat das Stück „Schauspiel" genannt. Dennoch sieht die Mehrzahl der Kritiker, wie die einschlägigen Studien belegen, in *Tasso* eine Tragödie.

17   Vgl. hierzu Wilkinson, S. 75–94. Wilkinson weist in ihrer Studie darauf hin, dass Goethe im *Tasso* eine spezifische Form der Wahrnehmung und der Versprachlichung sichtbar macht, wie sie eben für den Dichter charakteristisch ist, sodass das Stück gewissermaßen auch als metapoetisches Dokument zu lesen ist.

allerdings auch die Möglichkeit einer Distanznahme, wodurch die Selbstaussage in verhüllter Form geschehen kann und die gerade in diesem Drama so hochgradig schmerzvolle eigene Betroffenheit leichter darstellbar
und somit bewältigbar erscheint.[18]

Seiner äußeren Form nach ist *Torquato Tasso* ein mustergültiges regelmä-
ßiges Drama, das sich nach den Vorgaben der *doctrine classique* des französischen Theaters richtet.[19] Dies muss insofern etwas überraschen, als es ja für
Goethe, im Gegensatz zu Racine, der die klassischen Regeln gleichsam aus
innerer Notwendigkeit und ohne Zwang beherzigt, nicht selbstverständlich
ist, sich diesem Modell zu unterwerfen:[20] einziger Schauplatz des fünfaktigen
Dramas ist das estensische Lustschloss Belriguardo[21] (im ersten und fünften Aufzug der Garten, im zweiten und dritten ein nicht näher bezeichneter
„Saal" im Schloss, im vierten Tassos Zimmer – als Ort seiner Reklusion).
Die Spielzeit des Stücks umfasst nicht mehr als einen Tag, wobei Spielzeit
und gespielte Zeit praktisch identisch sind. Die Eingangsszene ist aufgrund
der atmosphärischen Stimmung und der Frühlingssemantik als Morgenszene

---

18 Vgl. hierzu Rasch, S. 12: „Das Maß an Geformtheit, das sich im «Tasso» bekundet, verrät eine schmerzhaft-leidenschaftliche, tragisch-gefährdete, vom
Chaos bedrohte Spannung, die es zu bewältigen galt in der strengen und
festgefügten Form."

19 Am klarsten ist dieser Zusammenhang von Dieter Borchmeyer herausge-
stellt worden: „Goethe greift im *Torquato Tasso* unverkennbar auf das
Modell der *tragédie classique* mit ihrer Konzentration des Raums (einziger
Schauplatz ist das Lustschloß Belriguardo), der Zeit, der Handlung und des
Personenstandes sowie der zeremoniell gedämpften Deklamation zurück."
Johann Wolfgang Goethe, *Klassische Dramen. Iphigenie auf Tauris, Eg-
mont, Torquato Tasso*, hrsg. von Dieter Borchmeyer unter Mitarbeit von
Peter Huber, Frankfurt/M. 2008 [=FA, Bd. 5], S. 1410. Nach dieser Ausgabe
wird in der Folge zitiert.

20 Seit Lessing ist ja nicht mehr das klassische französische Theater, sondern
Shakespeare für das deutsche Theater richtungsweisend. In der Tat sollte die
äußere, strenge Form nicht überbewertet werden. Der geistige Gehalt des
Tasso-Dramas ist keineswegs nur aus dieser Anlage zu erschließen, sondern
aus dem inneren Gegensatz zwischen klassischer Form und unklassischer
Charakteranlage, vor allem der Tasso-Gestalt.

21 Zu den estensischen Sommervillen (auch *delizie* genannt) vgl. Angelo Solerti, *Ferrara e la corte estense del secolo decimosesto*, Città di Castello 1891,
S. VII–XVI.

deutbar. Die letzte Szene hingegen, die ebenfalls im Garten spielt, und im Gleichnis des Schiffbruchs Tassos Katastrophe versinnbildlicht, würde textlogisch eine zeitliche Situierung am späten Nachmittag oder frühen Abend nahelegen. Die Handlungsentwicklung schließlich erfolgt aus einer einheitlichen, in der Hauptgestalt selbst liegenden Problemkonfiguration. Allerdings bereitet es Schwierigkeiten, die strukturtragenden Handlungsmomente der antiken Dramatik in *Tasso* nachzuweisen. Im Gegensatz zum Schiller'schen Theater ist das Stück Goethes eher handlungsarm. Eigentlicher Schauplatz des *Tasso* sind die Seelenwelten der Figuren, die zumal in einer antithetischen Perspektivierung sichtbar gemacht werden. Die aristotelischen Prinzipien der Handlungsführung wie Exposition,[22] Peripetie, Katastrophe, die aus der Vorstellung vom Theater als Handlungsdrama entwickelt wurden, werden im *Tasso* zu innerseelischen Ereignissen. Als gemeinsamer Bezugspunkt interessiert hier vor allem die Einstellung der Figuren zur Dichtung, da diese grundlegende Frage jede Gestalt im Besonderen auszeichnet und ihr individuelles Profil konturiert.

Sehr sparsam ist das Personeninventar dieses oft als „Kammerstück"[23] bezeichneten Dramas. Neben Tasso kommen vor: Alfons II., Herzog von Ferrara, sein Sekretär Antonio Montecatino und als weibliche Hauptfigur: Leonore von Este, die Schwester des Herzogs, sowie die Hofdame Leonore Sanvitale. Der erste Auftritt zeigt die Prinzessin und die Gräfin Sanvitale im Garten des Lustschlosses Belriguardo. Sie sind gerade dabei, Kränze zu flechten, mit denen sie die Hermen der Dichter Ariost und Vergil zu schmücken gedenken. Die Stimmung wirkt unbeschwert; es herrscht augenscheinlich eine Atmosphäre von Muße, Ungezwungenheit und spielerischem Sinn, wie sie treffend den *locus amoenus* einer sommerlichen Residenz auszeichnet. Die beiden Damen haben sich nach Art von Schäferinnen kostümiert:

---

22 Die einleitende Szene ist sehr umfangreich und nicht im eigentlichen Sinn als „Exposition" zu betrachten, was Lieselotte Blumenthals These plausibel macht, dass *Tasso* ursprünglich als Schäferspiel konzipiert war. Vgl. Lieselotte Blumenthal, „Arkadien in Goethes »Tasso«, in: Goethe. Neue Folge des Jahrbuchs der Goethe-Gesellschaft, Bd. 21, Weimar 1959, 1–24, bes. 20ff.

23 Dieter Borchmeyer, *Weimarer Klassik. Portrait einer Epoche*, Weinheim 1998, S. 167.

Prinzessin: Du siehst mich lächelnd an, Eleonore,
Und siehst dich selber an und lächelst wieder.
Was hast du? Laß es eine Freundin wissen!
Du scheinst bedenklich, doch du scheinst vergnügt.

Leonore: Ja, meine Fürstin, mit Vergnügen seh ich
Uns beide hier so ländlich ausgeschmückt.
Wir scheinen recht beglückte Schäferinnen
Und sind auch wie die Glücklichen beschäftigt.
Wir winden Kränze. (V. 1–9)

Diese Szenerie[24] evoziert ein literarisches Genre, das im Fortgang des Stücks, vor allem im Hinblick auf Tasso selbst, noch große Bedeutung erlangen wird: nämlich die bukolische Dichtung und die Welt Arkadiens.[25] Goethe greift sehr bewusst auf die Tradition der Schäferdichtung zurück: Die Schäferliteratur erfreute sich gerade an den europäischen Höfen bis ins späte 18. Jahrhundert großer Beliebtheit und war über Opitz auch in die deutsche Literatur eingeführt worden. Der historische Tasso schuf mit *Aminta* ein Meisterwerk

---

24 Die Bedeutung des ersten Auftritts als Schlüsselszene ist in der Forschung immer wieder herausgestellt worden. Gabriele Girschner entwickelt hieraus ihre Grundthese von „Ferrara" als ästhetizistischer, lebensferner Scheinwelt. Siehe Gabriele Girschner, *Goethes Tasso. Klassizismus als ästhetische Regression*, Königstein/Ts. 1981, bes. S. 7–13. Auch Gerhard Neumann hebt in seiner Studie die große Bedeutung der Eingangsszene hervor. Er leitet aus ihr seine interpretatorische Grundfigur der „Konfiguration" ab, unter der er ein mehrdeutiges diskursives Spannungsgefüge versteht, in dem die Personen, quasi in einer Art Choreographie zusammenwirkend, Sinn herstellen. *Konfiguration. Studien zu Goethes »Torquato Tasso«*, München 1965.

25 Vgl. hierzu den Beitrag: Bruno Snell, „Arkadien. Die Entdeckung einer geistigen Landschaft", in: ders., *Die Entdeckung des Geistes. Studien zur Entstehung des europäischen Denkens bei den Griechen*, Hamburg 1955, S. 371–400. Auf das Nahverhältnis *Tassos* zur Bukolik weist auch Karl Maurer hin: „[Goethe] belebt [...] in seinem Spiel um Glück und Vertreibung des Dichters des *Aminta*, obgleich in höfischer Verkleidung, die ursprünglichen Konstellationen der alten dialogischen Hirtendichtung wieder – den Wettstreit, aber auch das teilnehmende Zwiegespräch der Hirten; die Bekränzung des einen, die Mißgunst des andern; die Absonderung und die Selbstgespräche des verliebten Hirten; den Versuch des Rivalen/der Rivalen, den unglücklich Liebenden zu sich herüberzuziehen; schließlich die Vertreibung aus der vertrauten Hirtenwelt." (Karl Maurer, „Von der Liebestragödie zur Tragödie des Liebesentzugs: Racines *Bérénice* und Goethes *Tasso*", in: Karl Maurer, Goethe und die romanische Welt, Paderborn, München [u.a] 1997, S. 339.)

des bukolischen Genres.[26] Er vermochte es, seinem Schäferspiel eine einmalige sinnlich-lyrische Atmosphäre zu verleihen, in der bisweilen verhalten melancholische Töne anklingen. Das Stück besteht vornehmlich aus polymetrischen Madrigalen,[27] einer lyrischen Gattung, in der der Renaissancedichter auch sonst Bedeutendes geleistet hat. In Goethes Drama verdichtet sich das Bukolische zum Projektionsraum innerseelischen Empfindens;[28] das subjektivistisch-sensualistisch aufgewertete pastorale Genre bietet der Prinzessin so gesehen ein idealtypisches Identifikationsmedium. In der ländlichen *villa suburbana* als adäquatem Schauplatz kann sie sich zusammen mit ihrer Hofdame stundenlang „in die goldene Zeit der Dichter träumen" (V. 22f).

Zugleich scheint aber auch eine konkrete Rezeptionshaltung dieser Dichtung gegenüber durch: sie bereitet zwar Genuss, ist aber bloß ästhetischer Schein. Die Eingangsszene präsentiert sich als „Spiel im Spiel",[29] wie Gabriele Girschner anmerkt. Jedoch ist ihr nicht zuzustimmen, dass die Damen sich des scheinhaften Charakters ihres Spiels nicht bewusst wären.[30] Wie das Gespräch belegt, wissen die Prinzessin und die Gräfin nur zu gut um den Abstand zwischen Dichtung und Wirklichkeit; die Schäferkostümierung enthüllt insofern mehr als sie verbirgt. Wenn die Gräfin sagt, „wir *scheinen* recht beglückte Schäferinnen / Und sind auch *wie die Glücklichen*[31]

---

26   Gattungstypologisch partizipiert die Bukolik an unterschiedlichen Formen. *Aminta* ist ein fünffaktiges Stück mit Choreinlagen; die bukolische Literatur bedient sich häufig auch lyrischer oder epischer Formen bzw. bildet vor allem in der Barockzeit häufig Mischgattungen wie die „Tragikomödie" aus. Zu dieser Gattung gehört der zweite wichtige bukolische Bezugstext in Goethes Drama, Guarinis *Pastor fido*.

27   Im Gegensatz zum Trecento-Madrigal, das nicht polymetrisch ist und aus elfsilbigen Versen besteht, mischt das Cinquecento-Madrigal vornehmlich 7- und 11-Silber, ist verschieden lang und pflegt unterschiedliche Reimformen. Es handelt sich also um eine relativ freie Gedichtform, die sich auch gerne zu sogenannten Madrigalkränzen verbindet. Vgl. hierzu Ulrich Schulz-Buschhaus, *Das Madrigal. Zur Stilgeschichte der italienischen Lyrik zwischen Renaissance und Barock*, Bad Homburg [u.a.] 1969.

28   Als wichtige Etappe auf diesem Weg ist die für das 18. Jahrhundert typische Aneignung der bukolischen Thematik in der Anakreontik zu sehen, in der sich die Schäferthematik mit höfisch-galanten Formelementen mischt.

29   Siehe Girschner, S. 10.

30   Ebd., S. 99.

31   Hervorhebungen R.T.

beschäftigt", verweist dies auf eine in Wahrheit ganz andere Verfassung der Frauen. Zumal die Prinzessin führt am Hof ein einsames und freudloses Leben; schon früh musste sie Krankheit und Einsamkeit erdulden:

> Prinzessin (zu Eleonore): Eleonore! Glücklich?
> Wer ist denn glücklich? [...]
> Geduld, Eleonore! üben konnt ich die
> Von Jugend auf. Wenn Freunde, wenn Geschwister
> Bei Fest und Spiel gesellig sich erfreuten,
> Hielt Krankheit mich auf meinem Zimmer fest[32],
> Und in Gesellschaft mancher Leiden mußt
> Ich früh entbehren lernen. Eines war
> Was in der Einsamkeit mich schön ergötzte,
> Die Freude des Gesangs; ich unterhielt
> Mich mit mir selbst, ich wiegte Schmerz und Sehnsucht
> Und jeden Wunsch mit leisen Tönen ein. (V. 1782f; 1801–1810)

Die hochgebildete[33] und sensible Frau ist kränklich und melancholisch. Am Hof führt sie ein Schattendasein. Das gesellschaftliche Umfeld bietet ihr kein erfülltes Leben. So wird die Dichtung für sie zur gefühlsmäßigen Ersatzwelt für Nichtgelebtes. Die „Krankheit des Gemüts" (V. 1849) bestimmt daher ihre besondere Auffassung von Dichtung, aber auch ihre Erwartung an Dichtung. („Ich wiegte Schmerz und Sehnsucht / Und jeden Wunsch mit leisen Tönen ein."[34]). Tasso hat in ihr eine verständige und

---

32 Es liegt ein Gelegenheitsgedicht des historischen Tasso vor, in dem er in ähnlicher Weise die eigene Situation leidvoller Einsamkeit im Kerker des Hospitals den Festlichkeiten des Karnevals in den Straßen der Stadt und im Palast gegenüberstellt. Das Sonett endet allerdings in einem Vorwurf an die herzogliche Gemahlin. Daraus die beiden letzten Terzette: „Suonano i gran palagi e i tetti adorni / di canto: io sol di pianto il carcer tetro / fo risonar. Questa è la data fede? // Son questi i miei bramati alti ritorni? / Lasso! Dunque prigion, dunque feretro / chiamate voi pietà, donna, e mercede?" (Torquato Tasso, *Le Rime,* tomo I, a cura di Bruno Basile, Roma 1994, S. 700 [Nr. 711]).

33 Vgl. hierzu V. 107ff.

34 Hans Rudolf Vaget sieht dieses Kunstverständnis der Prinzessin als Ausdruck des Dilettantismus, da Goethe eine rein subjektivistische Rezeption von Literatur abgelehnt habe. Hans Rudolf Vaget, „Um einen Tasso von außen bittend: Kunst und Dilettantismus am Musenhof von Ferrara", in: Deutsche Vierteljahrsschrift für Literaturwissenschaft und Geistesgeschichte 54 (1980), S. 232–258, bes. S. 243f. Allerdings zeigt sich im Wunsch der Prinzessin, in Kunst „Genuß und Trost" zu suchen, auch ein modernes, bürgerliches Rezeptionsverhalten.

empfindsame Leserin, wenn auch seine Dichtungsauffassung einen viel weiteren, den eigentlich ästhetischen Bereich transzendierenden Horizont umfasst, sodass das beiderseitige Verständnis letztlich zerbrechen musste. Was den gefühlsmäßigen Gehalt der Dichtung angeht, insbesondere im Hinblick auf die spezifische Semantisierung des Sinnlichen im pastoralen Genre,[35] stehen sich Dichter und Prinzessin sehr nahe. Dieses Phänomen ist deutlich schon am historischen Tasso auszumachen, und es darf vermutet werden, dass Goethe, der ja den italienischen Dichter seit seiner Jugend kennt und in Italien intensiv gelesen hat, Tassos lyrische Dichtung womöglich doch intensiver rezipiert hat, als die spärlichen Textzitate vermuten lassen.[36] Die folgenden Textbeispiele sollen das lyrisch-bukolische Dichten des historischen Tasso etwas beleuchten und einen intertextuellen Referenzdiskurs eröffnen. Zunächst ein Kussmadrigal:

> Dolcemente dormiva la mia Clori
> E 'ntorno al suo bel volto
> givan scherzando i pargoletti Amori.
> Mirav'io, da me tolto,
> con gran diletto lei,
> quando dir mi sentii: „Stolto che fai?
> Tempo perduto non s'aquista mai."
> Allor io mi chinai pian piano,
> e baciandole il viso
> provai quanta dolcezza ha il paradiso.[37]

Das unprätentiöse Gedicht feiert die sinnliche Liebe in Gestalt eines Kusses. Das dichterische Ich, in der Rolle des Schäfers, beugt sich entzückt über die schlafende Hirtin Clori. Als sie erwacht, ermahnt sie ihren Geliebten, die

---

35 Zum Zeitpunkt der Dramenhandlung liegt von Tasso vornehmlich lyrische und bukolische Dichtung vor, das große Epos kann die Hofgesellschaft ja noch nicht kennen.

36 Ich gehe von einem „atmosphärischen Substrat" aus, das in Goethes Drama spürbar ist; vgl. etwa die Verse, die die Gräfin zu Beginn spricht: „Der Schatten dieser immergrünen Bäume / Wird schon erfreulich. Schon erquickt uns wieder / Das Rauschen dieser Brunnen, schwankend wiegen / Im Morgenwind sich die jungen Zweige. / Die Blumen von den Beeten schauen uns / Mit ihren Kinderaugen freundlich an." V. 28–34. Der Topos des *locus amoenus* tritt hier verschränkt mit der Vorstellung vom ursprünglichen Paradies der Kindheit und der Wiedergeburt der Natur auf.

37 *Le Rime*, S. 338 [Nr. 376].

Gunst des Augenblicks zu nützen und, statt ihre Reize nur zu betrachten, sie *in actu* zu lieben. Zur bukolischen Staffage zählen außer dem Namen der Schäferin auch die scherzenden Amoretten, die das Gesicht der Geliebten umspielen. Oftmals äußert sich die Stimmung beglückender Liebeserfahrung oder Liebeserwartung in der Schilderung einer idyllischen Naturszene. Tasso bedarf dann nicht einmal mehr der gattungstypischen Akteure wie Schäfer, Nymphen und Amoretten. Er schafft dabei eine derart lyrisch-intime, bildhaft-gegenwärtige Atmosphäre, dass solche Texte schon sehr nah an klassisch-romantisches Dichten heranreichen:

> Ecco mormorar l'onde
> e tremolar le fronde
> a l'aura mattutina e gli arboscelli,
> e sovra i verdi rami i vaghi augelli
> cantar soavemente
> e rider l'oriente;
> ecco già l'alba appare
> e si specchia nel mare,
> e rasserena il cielo
> e le campagne imperla il dolce gelo,
> e gli alti monti indora.
> O bella e vaga Aurora,
> l'aura è tua messaggera, e tu de l'aura
> ch'ogni arso cor ristaura.[38]

Durch das zweimalige deiktische „ecco" und die direkte Anrede an Aurora in Vers 12 wird der Leser quasi direkt in diese morgendliche, aber auch frühlingshafte Gartenlandschaft hineingenommen. Synästhesien (das Geräusch des Wassers, der Gesang der Vögel, das sanfte Licht der Morgenröte, das Blau des Himmels, der morgendliche Tau, der zarte Lufthauch) verstärken den unmittelbar sinnlichen Eindruck und vergegenwärtigen dieses Naturbild als Imago des irdischen Paradieses. Auch dieses Madrigal ist ein Liebesgedicht. Die idealisierte landschaftliche Szenerie ist gleichsam Vorbereitung für die am Schluss in Form einer Pointe geschilderte Erscheinung der Geliebten, die in beziehungsreiche Analogie zur Göttin Aurora gesetzt wird. Auffällig an diesem Madrigal und für Tasso typisch ist ein besonderer

---

38   *Le Rime*, S. 154f. [Nr. 143]

lyrisch-musikalischer Ton.[39] Dennoch ist der Text ein charakteristisches Gedicht der (Spät-)Renaissance: trotz deutlicher Steigerung der sinnlichen Intensität fehlt ein personales lyrisches Subjekt. Der Text steht klar in einer poetischen Tradition; der eindeutige intertextuelle Bezug, der sich in der lexikalischen Assonanz „l'aura" mit der von Petrarca besungenen Geliebten „Laura" kundtut, überdies in „Aurora" anklingt, stellt das Gedicht in den für die Lyrik des Cinquecento zentralen Kontext des Petrarkismus. Es werden in dieser Zeit eine Vielzahl an Dichtungsbüchern (*Canzonieri*) verfasst, die entsprechend der maßgeblichen philosophischen Ausrichtung der Zeit mehr oder weniger platonisierend[40] gehalten sind.

Während die bukolische Literatur im Bild Arkadiens eigentlich die Gegenwart des erfüllten Augenblicks thematisiert und insofern ihre paganantike Provenienz zu erkennen gibt, ist die petrarkisierende Lyrik, die auch formal an die mittelalterlichen Gedichtformen des Sonetts und der Kanzone anschließt, vom Gegensatz zwischen Liebessehnen und Verzicht, Lustverlangen und Reue, sinnlicher und geistig-spiritueller Liebe (*amor profano* und *amor sacro*) geprägt. Der Petrarkismus hat eine eigene Liebeskasuistik und einen eigenen Metaphernkatalog ausgeprägt.[41] Liebeserfüllung ist im

---

39 Tassos Gedichte wurden oft vertont, bereits zu Lebzeiten von Monteverdi und Gesualdo da Venosa. Bruno Basile, einer der besten Kenner der Tassoschen Lyrik, sagt: Tasso affida alla sua poesia „un ruolo di valore esistenziale modulato nella musica." *Le Rime*, Introduzione, S. XVII.

40 Der petrarkistische Liebesdiskurs steht ursprünglich im Zeichen unauflösbarer Spannung zwischen Sinnlichkeit und Geistigkeit; die Sinnlichkeit lässt sich so gesehen nicht, wie im platonischen Eros, zum Abbild der Idee funktionalisieren. Die Platon-Renaissance ereignet sich erst ein Jahrhundert nach Petrarca im Florenz der Frührenaissance und bleibt dann eine der wesentlichen diskursiven Konstanten der gesamten Epoche. Die *Canzonieri* des 16. Jahrhunderts sind daher häufig von platonistischen Ideen bestimmt, vor allem jener Pietro Bembos. Zum „Platonismus" bei Goethe vgl. *Goethe Handbuch*, hrsg. von Bernd Witte, Theo Buck, Hans-Dietrich Dahnke [u.a.], Bd. 4/2, Stuttgart 2004, Einträge „Plato" und „Platonismus".

41 Als Beispiel zitiere ich das Sonett CXXXII aus dem *Canzoniere* des Petrarca, das die wesentlichen Charakteristika dieses Liebesdiskurses aufweist:
„S'amor non è, che dunque è quel che sento? / Ma s'egli è amor, perdio, che cosa e quale? / Se bona, onde l'effecto aspro mortale? / Se ria, onde sí dolce ogni tormento? // S'a mia voglia ardo, onde 'l pianto e lamento? / S'a mal mio grado, il lamentar che vale? / O viva morte, o dilectoso male, / come puoi tanto in me,

petrarkistischen Diskurs ausgeschlossen.[42] Das daraus resultierende affektive Paradox erweist sich zumeist in einer antithetischen Grundstimmung versprachlicht; bevorzugte rhetorische Figur ist das Oxymoron. Der historische Tasso bezieht sich explizit auf diese Dichtungstradition. Er vertieft vor allem das antithetische Lust-Leid-Paradigma, was ebenfalls auf eine sinnliche Intensivierung als Grundzug seiner Dichtung verweist.[43] Der Aspekt gesteigerter sinnlicher Intensität ist auch in Goethes Drama wesentlich, zumal da es ja vornehmlich darum geht, innere Konflikte und widerstreitende Neigungen zum Ausdruck zu bringen. Noch ein Auszug aus dem Gespräch zwischen Leonore und der Prinzessin aus dem ersten Auftritt:

> Leonore: Versteckt im Busche, gleich der Nachtigall
> Füllt er [Tasso] aus einem liebekranken Busen
> Mit seiner Klagen Wohllaut Hain und Luft:
> Sein reizend Leid, die selge Schwermut lockt
> Ein jedes Ohr und jedes Herz muß nach –
> Prinzessin: Und wenn er seinen Gegenstand benennt,
> So gibt er ihm den Namen Leonore. (V. 192–198).

Diese Passage ist deutlich petrarkistisch[44] grundiert: die vielen Oxymora („seiner Klagen Wohllaut", „reizend Leid", „selge Schwermut"), die suggestive,

---

s'io nol consento? // Et s'io 'l consento, a gran torto mi doglio. / Fra sí contrari vènti in frale barca / mi trovo in alto mar senza governo, // sí lieve di saver, d'error sí carca / ch'i'medesmo non so quel ch'io mi voglio, / e tremo a mezza state, ardendo il verno." (Francesco Petrarca, *Canzoniere*. Introduzione di Roberto Antonelli. Testo critico e saggio di Gianfranco Contini, Torino 1992, S. 184).

42 „Systeminkompatibel ist im Kontext des Petrarkismus etwa die Erreichbarkeit der Dame in dem Sinn, daß dem Liebenden die Erfüllung eines sexuellen Begehrens zuteil würde." Gerhard Regn, *Torquato Tassos zyklische Liebeslyrik und die petrarkistische Tradition*. Studien zur *Parte prima* der *Rime* (1591/1592), Tübingen 1987, S. 23.

43 Vgl. Sonett [103]: „e mi piace 'l dolor quando io mi doglio, / e dolcezza sent'io d'affanni amari, / occhi di grazia e di pietate avari, / nel farsi un molle petto un duro scoglio.", Le *Rime*, S. 109.

44 Es ist freilich zuzugestehen, dass Goethes intensive Auseinandersetzung mit Petrarca erst nach 1803 beginnt, und zwar im Umkreis der Wiederentdeckung des Dichters durch die Romantiker, besonders August Wilhelm Schlegels, der in seine *Blumensträusse italiänischer, spanischer und portugiesischer Poesie* (Berlin 1804) 32 Petrarca-Texte aufnimmt. Allerdings spricht auch nichts dagegen, dass Goethe schon früher Grundmotive des petrarkistischen Dichtens kannte. (Ich verdanke den Hinweis Herrn Professor Alfred Noe.)

Herz und Ohr verlockende Kraft dieser Dichtung sowie das vieldeutige Spiel mit dem Namen der Geliebten („Leonore" – „Laura" bei Petrarca und Tasso) sind dafür klare Indizien.[45] Der für Goethes *Tasso* wichtigste Aspekt aus dieser Tradition ist allerdings die strikte Unerfüllbarkeit des Liebesbegehrens. Daran muss die Prinzessin aus zwei Gründen festhalten: der reale Liebesverzicht eröffnet ihr den imaginären Raum der Phantasie und sichert zugleich ihre soziale Rolle in der Hofgesellschaft (Affektkontrolle und Wahrung gesellschaftlicher Schranken – Tasso ist ihr ja nicht ebenbürtig – sind unverzichtbares Prinzip höfischen Verhaltens). Der Verzicht fällt ihr aber in Wahrheit schwerer als es den Anschein hat.[46]

Als die Gräfin Scandiano, die über deutlich mehr Erfahrung und Realitätssinn als die Prinzessin verfügt, gegen Ende der ersten Szene – wohl aus erwogener Berechnung[47] – noch einmal auf die Ästhetik platonistisch-idealisierenden Dichtens[48] zu sprechen kommt („Uns liebt er nicht, – verzeih daß ich es sage! – / Aus allen Sphären trägt er, was er liebt / Auf einen Namen nieder den wir führen, [...]wir scheinen / Den Mann zu lieben und wir lieben nur / Mit ihm das Höchste was wir lieben können." [V. 212–217]), will die Prinzessin nichts mehr davon hören („Du hast dich sehr in diese Wissenschaft [den Platonismus] / Vertieft, Eleonore, sagst mir Dinge, / Die mir beinahe nur das Ohr berühren / Und in die Seele kaum

---

45   Gerhard Neumann erwähnt in seiner Deutung der Passage Petrarca nicht, obwohl er im Goethe-Text explizit genannt wird (V. 73), sondern rekurriert auf Ovid und die französische Dichtung des 12. Jahrhunderts. Die Thematik der unerfüllbaren Liebe teilt Petrarca zweifellos mit den Trobadors und der Minnelyrik. Neumann, S. 59.

46   Insofern hat die Prinzessin sehr viel mit der Gräfin in *Wilhelm Meister* gemein. Die Liebesumarmung erfolgt dort als spontane Regung ihres Wesens, bleibt aber in der höfischen Welt ein nicht zu tilgender Makel und lastet auf ihrem Gewissen.

47   In einem Monolog (III, 3) wird sie ihre Gründe kundtun: ihr Trachten geht auf Nachruhm aus, sie möchte Tasso für sich gewinnen, in seiner Dichtung verewigt werden.

48   In Goethes Drama verläuft genau hier die Grenze: Erfüllbarkeit versus Unerfüllbarkeit des Liebesbegehrens; die speziellen Implikationen der Eroslehre, wie sie die Renaissance diskutiert, sind demgegenüber bei Goethe nicht relevant. Die dramatische Zuspitzung in der Beziehung zwischen Tasso und der Prinzessin liegt gleichfalls in diesem Punkt: Tassos Liebesbegriff ist nicht mehr der höfisch domestizierte, Liebeserfüllung für ihn daher wenigstens denkbar.

noch übergehen." [V. 218–221]). Die Gräfin stößt darauf noch weiter vor; mit maliziöser Ironie lobt sie die Vorzüge der platonischen Liebe: sie zeige sich in dieser Schule nicht wie ein verwöhntes Kind und hefte sich auch nicht an den äußeren Schein der Schönheit, sodass nach schnellem Rausch nur Ekel und Verdruss zurückbleibe (V. 226–234). Sanvitale spielt hier ihre praktische Überlegenheit in puncto Liebe aus und demaskiert zugleich die Sublimierungsstrategie der Prinzessin, indem sie ihr vor Augen führt, dass sie sich in ihrer Liebe zu Tasso selbst betrügt. Ihre beinahe schon boshafte Rede von der sinnlichen Liebe als „Rausch", „Ekel" und „Verdruß", worin sie das „post actum animal triste" variiert, hält der Prinzessin unverblümt ihre uneingestandenen verdrängten Wünsche vor. Indirekt ist diese Passage aber auch Hinweis auf einen neuen Liebesbegriff, der sich am Ende des 18. Jahrhunderts immer deutlicher durchsetzt und Liebe als ganzheitliche Erfahrung begreift, die keine Trennung zwischen innerem Erleben und konkretem Lebensvollzug zulässt. Aus diesem Blickwinkel wird auch die höfische Praxis, die jedes individuelle Glück der sozialen Rolle unterordnet, insgesamt fragwürdig. Es ist verständlich, dass die Prinzessin das Gespräch an dieser Stelle abbricht. Lawrence Ryan ist in der Tat Recht zu geben, dass sie keine wirkliche Entsagende ist.[49] Bezeichnenderweise hatte die Gräfin die sinnliche Liebe in den Sprachbildern der Bukolik beschrieben, sie lenkt damit wieder auf die Pastoraldichtung zurück, die nun im zeitgeschichtlichen Kontext der Problematisierung des Liebesbegriffs eine aktualisierte Bedeutung bekommt.

1.2 Das Urbild der *goldenen Zeit* und die Einheit von Dichtung und Liebe

Die Bukolik ist keinesfalls bloß Dichtung der galanten Unterhaltung und des höfischen Amüsements. Bereits in der Antike war sie bevorzugtes Medium gesellschaftlicher und poetologischer Reflexion. Besonders dieser letzte Aspekt lässt ihre Bedeutung nicht nur für den historischen Tasso, sondern

---

49   Lawrence Ryan, „Die Tragödie des Dichters in Goethes »Torquato Tasso«", in: Jahrbuch der deutschen Schillergesellschaft, 9. Jahrgang 1965, S. 283–322, bes. S. 299f.

auch für Goethes Dichtergestalt ermessen.[50] In dieser Hinsicht ist die erste Szene des zweiten Aufzugs besonders aufschlussreich. Sie besteht aus einem längeren, beinahe 400 Verse umfassenden Gespräch Tassos mit der Prinzessin. Vorausgegangen waren die Szene der Dichterkrönung und der Auftritt Antonios, der Tasso zutiefst erschüttert und eine folgenschwere Sinnkrise bei ihm auslöst. Zu Beginn des Dialogs mit der Prinzessin verlaufen die Gesprächslinien weitgehend parallel, um sich dann zunehmend auseinander zu entwickeln. Goethe gelingt es im Fortgang des Gesprächs, Tassos Position gegen jene der Prinzessin deutlich zu profilieren. Die Prinzessin meint zunächst, Antonios Lob des Ariost habe Tasso so tief gekränkt. Es wird aber deutlich, dass Antonios Urteil in Fragen der Kunst nicht wirklich relevant ist,[51] und so geht Tasso auf dieses Argument nicht weiter ein. Eine viel beunruhigendere Frage steht zur Diskussion, nämlich das Verhältnis zwischen Dichtung und Wirklichkeit. Für die Prinzessin ist Dichtung das Reich der Phantasie, der „süßen Träume" (V. 174); sie erwartet sich von ihr eine Entlastung von der Realität höfischen Lebens. Und wenn ihr auch das Spannungsverhältnis zwischen Wirklichkeit und Kunst bewusst ist, was sie tiefer sehen lässt als die übrigen Mitglieder des Hofes, vermag auch sie der Dichtung, über ihren ästhetischen „Gebrauchswert" hinaus, keine Geltung zuzugestehen. Das „neue Hesperien" und die „goldene Zeit" sind ihr nicht viel mehr als Sprachbilder: „mehr / Und mehr verwöhnt sich das Gemüt, und strebt / Die goldne Zeit, die ihm von außen mangelt, / In seinem Innern wieder herzustellen, / So wenig der Versuch gelingen will." (V. 973–977). Daran schließt nun Tassos Replik an, der dem Begriff „goldene Zeit" eine hohe philosophisch-symbolische Bedeutung beimisst:

---

50   Auf die Rolle der Bukolik als Gattung künstlerischer Selbstthematisierung hat insbesondere Helmut J. Schneider hingewiesen. Vgl. Helmut J. Schneider, „Goethes Schauspiel *Torquato Tasso* und Tassos Hirtenspiel *Aminta*. Eine Skizze zum Fortleben der pastoralen Tradition.", in: *Goethe und Italien*, hrsg. von Willi Hirdt und Birgit Tappert, Bonn 2001, S. 313–327, bes. S. 317.

51   Zur Funktion Ariosts im Stück siehe Kapitel 2. In der Forschung wurde diese Frage bisher nicht befriedigend gelöst, was ohne Berücksichtigung der historischen Zusammenhänge auch kaum möglich scheint. Goethe legt Antonio entsprechend seiner Personenkonzeption Worte in den Mund, die Antonio charakterisieren, nicht Ariost.

(Tasso:) O welches Wort spricht meine Fürstin aus!
  Die goldne Zeit wohin ist sie geflohn?
  Nach der sich jedes Herz vergebens sehnt!
  Da auf der freien Erde Menschen sich
  Wie frohe Herden im Genuß verbreiteten;
  Da ein uralter Baum auf bunter Wiese
  Dem Hirten und der Hirtin Schatten gab,
  Ein jüngeres Gebüsch die zarten Zweige
  Um sehnsuchtsvolle Liebe traulich schlang;
  Wo klar und still auf immer reinem Sande
  Der weiche Fluß die Nymphe sanft umfing;
  Wo in dem Grase die gescheuchte Schlange
  Unschädlich sich verlor, der kühne Faun
  Vom tapfern Jüngling bald bestraft entfloh;
  Wo jeder Vogel in der freien Luft
  Und jedes Tier durch Berg und Täler schweifend
  Zum Menschen sprach: erlaubt ist was gefällt. (V. 978–994)

Goethe bezieht sich in dieser Passage noch einmal explizit auf die bukolische
Thematik. Die Nähe zum historischen Tasso und zu *Aminta* ist besonders
auffällig. Bis in Formulierungen hinein finden sich Anklänge an die *favola
boschereccia*, vor allem an das berühmte Chorlied vom Ende des ersten
Akts. *Aminta* vereint die wesentlichen Elemente der Schäferdichtung:[52] die
panegyrische Komponente des Herrscherlobs und der höfischen Welt, die
dichterische Selbstreflexion, die im Stück dem Hirten Tirsi, hinter dem sich
Tasso selbst verbirgt, zugedacht ist, sowie die antithetische Perspektivierung der Hirtenwelt gegenüber dem Hof. Die Handlung scheint einfach:[53]
der Hirte Aminta liebt seit Jahren die Nymphe Silvia, die sich allerdings
seiner Werbung gegenüber spröde und abweisend verhält und lieber als
jagende Amazone durch die Wälder streift. Erst nach schweren Prüfun-
gen und einem missglückten Selbstmordversuch[54] Amintas kommen die

---

52 Vgl. hierzu: *Europäische Bukolik und Georgik*, hrsg. von Klaus Garber,
    Darmstadt 1976, Vorwort, S. IX.
53 Auf die einfache Handlungsführung im Verhältnis zur kunstvollen Form und
    zur psychologischen Vertiefung der Charaktere hat bereits Karl Vossler hin-
    gewiesen. Vgl. Karl Vossler, „Tassos »Aminta« und die Hirtendichtung", in:
    Europäische Bukolik und Georgik, S. 165–180, bes. S. 177.
54 Die anhaltende Liebesenttäuschung lässt Aminta den Selbstmordplan fassen, er
    setzt diesen jedoch erst in die Tat um, als er vernimmt, Silvia sei auf der Jagd von
    einem wilden Tier getötet worden, was sich dann als falsch herausstellen sollte.

beiden Hauptgestalten zueinander. Dem jungen Paar stellt Tasso als ältere und in Liebesangelegenheiten schon kundigere Begleiter Tirsi und Dafne zur Seite. Die Atmosphäre des Stücks ist keineswegs durchgehend heiter. Vossler spricht von „verschleierter Wehmut",[55] was insofern zu erklären ist, als *Aminta* im Grunde einen subtil und einfühlsam gezeichneten, konfliktreichen innerseelischen Reifungsprozess[56] der Protagonisten (Aminta und Silvia) darstellt. Besondere Aufmerksamkeit gilt dabei der weiblichen Perspektive, nämlich der Wandlung Silvias vom unbekümmerten jungfräulichen Mädchen zur empfindenden erwachsenen Frau, die sich ihrer Sinnlichkeit, aber auch ihrer gesellschaftlichen Verantwortung, bewusst wird. Glück, zumal erfüllte Sinnlichkeit, steht nicht im Zentrum des Stücks, sodass *Aminta* nicht als Ausdruck immanenter Lebensfreude und unbeschwerter Diesseitigkeit gesehen werden kann.[57] Am Ausgang des Stücks spricht der Chor die Hoffnung aus, die Liebe möge sich nicht immer, wie hier geschildert, in solch „gravi tormenti" (S. 673) äußern, sondern im Allgemeinen ruhigeren Bahnen („pace o tregua" [ebd.]) folgen.

Dem Chorlied am Schluss des ersten Aktes kommt dabei eine bestimmte innertextuelle Funktion zu. Die Zuseher kennen an diesem Punkt die handelnden Personen bereits und wissen um den zentralen Liebeskonflikt von Aminta und Silvia; sie wissen aber auch um dessen tieferen Sinn, um die läuternde und bildende Kraft des Eros entsprechend der platonistischen Tradition. Auf diese rekurriert der allegorische Prolog des Stücks, in dem

---

55 *Europäische Bukolik und Georgik*, S. 177.
56 Patricia Oster hat die Entwicklung Silvias präzise dargestellt und dabei auf die Symbolik des Schleiers hingewiesen, der sowohl die Schwelle zwischen Jungfräulichkeit und Weiblichkeit als auch jene zwischen naturwüchsiger Ursprünglichkeit und höfischer Kultur repräsentiert. Siehe: Patricia Oster, „Transparenz und Trübung in Arkadien. Der Schleier in Tassos Aminta", in: Compar(a)ison 2 (1993), On pastoral, S. 65–86.
57 Von den zahlreichen Studien zu *Aminta* seien zumindest genannt: Giovanni da Pozzo, *L'ambigua armonia. Studio sull'Aminta* del Tasso, Firenze 1983 und: Maria Grazia Accorsi, *Aminta*: Ritorno a Saturno, Soveria Mannelli 1998. Zitiert wird nach: Torquato Tasso, *Poesie*.
    Vgl. auch die Ausgabe: *Aminta. Favola boschereccia. Ein Hirtenspiel.* Italienisch/Deutsch, übers. und hrsg. von János Riesz, Stuttgart 1995. Aufschlussreich dort auch das Nachwort: S. 243–260 sowie die ausführliche Bibliographie: S. 227–235.

sich der Amorknabe, als Hirte verkleidet, selbst als verdeckter Lenker des Liebesschicksals beider Hauptfiguren einführt:

> (Amore:) [...] Io voglio oggi con questo [dardo]
> far cupa e immedicabile ferita
> nel duro seno de la più cruda ninfa
> che mai seguisse il coro di Diana. [...]
> Queste selve oggi ragionar d'Amore
> s'udranno in nuova guisa [...]
> Spirerò nobil sensi a'rozzi petti,
> raddolcirò de le lor lingue il suono,
> [...] E questa è pure
> suprema gloria e gran miracol mio,
> render simili a le più dotte cetre
> le rustiche sampogne. (S. 614f. passim)

Amor wird also in Silvia Liebe entfachen – insofern ist das *happy end* vorweggenommen–; diese entsteht aber nicht naturhaft und spontan, sondern in Folge eines Vorgangs seelischer Reifung und Veredelung, die dem Individuum ein beträchtliches Maß an Kultur- und Zivilisationsarbeit abverlangt. Diese Vorstellung gesellschaftlich domestizierter Liebe lässt freilich das höfische Ideal jener Zeit durchscheinen. Veredelung meint im Kontext dichterischer Selbstreflexion hier auch explizit Verfeinerung der Sprache und der Ausdrucksformen („spirerò nobil sensi a'rozzi petti / raddolcirò de le lor lingue il suono"), das heißt humanistische Kultivierung.

Das Chorlied vom goldenen Zeitalter – formal handelt es sich um eine petrarkistische Kanzone mit charakteristischem *commiato* – bildet in diesem Zusammenhang einen innertextuellen Referenzrahmen, auf den die Dramenhandlung antithetisch bezogen ist. Auch die Gestalten des *Aminta* leben nicht mehr in der goldenen Zeit[58]; die Geschlechterbeziehung steht in Wahrheit im Zeichen einer höfisch geprägten Normvorstellung, die die

---

58 Genau genommen weist sogar die Spielwelt selbst zwei kontrastierende Ebenen und Sichtweisen auf: Dafne und Tirsi vertreten eine Vorstellung von der Liebe, die noch weniger reglementiert ist als jene Silvias und Amintas, und sehen die gegenwärtigen Verhältnisse demnach in gewisser Weise bereits als Verfallsstufe. Dafne: „Il mondo invecchia, / e invecchiando intristisce." (S. 639) Vgl. hierzu: Oster, S. 73f.

Protagonisten bereits hochgradig internalisiert haben.[59] Tasso zitiert den Bildtopos als Kontrastfolie zur Dramenhandlung, er gehört ihr also im eigentlichen Sinn gar nicht an. Im Übrigen ist zu bedenken, dass das Lied vom Chor vorgetragen wird, der das Geschehen, in Analogie zum griechischen Theater, von einem externen Standort aus kommentiert oder, wie im gegebenen Fall, elegisch reflektiert.

(Coro:) O bella età dell'oro,
   non già perché di latte
se 'n corse il fiume e stillò mele il bosco:
   non perché i frutti loro
   dier da l'aratro intatte
le terre e gli angui errâr senz'ira o tosco;
   non perché nuvol fosco
   non spiegò allor suo velo,
   ma in primavera eterna,
   ch'ora s'accende e verna,
rise di luce e di sereno il cielo;
   né portò peregrino
o guerra o merce a gli altrui lidi il pino.

Ma sol perché quel vano
   nome senza soggetto,
quell'idolo d'errori, idol d'inganno,
   quel che da 'l volgo insano
   Onor poscia fu detto,
che di nostra natura il feo tiranno,
   non mischiava il suo affanno
   fra le liete dolcezze
   de l'amoroso gregge;
   né fu sua dura legge
nota a quell'alme in libertate avezze,
   ma legge aurea e felice
che Natura scolpì: *S'ei piace, ei lice.* [...]

---

59   In diesem Zusammenhang ist auf Norbert Elias' Untersuchungen zur höfischen Gesellschaft zu verweisen. Vgl. Norbert Elias, *Die höfische Gesellschaft*, Frankfurt 1999. Speziell Aminta leistet beispielhaften Triebverzicht; vornehmlich in der Szene, da er die vom Satyr nackt an einen Baum gefesselte Silvia befreit und dabei sein Begehren massiv unterdrücken muss. Die Episode wird von Tirsi berichtet, wie in Tassos Pastorale generell die Liebeshandlung, auch die letztendliche Umarmung Amintas und Silvias, immer aus der Perspektive eines anderen geschildert wird. Vgl. hierzu Oster, S. 82.

Amiam, ché non ha tregua
con gli anni umana vita, e si dilegua.

Amiam, ché 'l Sol si muore e poi rinasce:
a noi sua breve luce
s'asconde, e 'l sonno eterna notte adduce. (S. 632ff.)

Deutlicher als seine antiken Vorbilder[60] betont Tasso das sinnliche Moment in seiner Erzählung vom goldenen Zeitalter. Dies bewerkstelligt er rhetorisch, indem er die mit dem Bild assoziierten Vorstellungen per Negation evoziert: „nicht deshalb war die goldene Zeit vollkommen, weil in den Flüssen Milch floss und die Wälder von Honig trieften, die Erde von selbst Früchte gewährte und ewiger Frühling herrschte", die sinnliche Freiheit des „s'ei piace, ei lice" (charakteristisch als Klimax am Schluss der Strophe gesetzt) ist das wesentliche Merkmal dieser arkadischen Welt. Das Gesetz des *onore*, des unter strengen Anstandsregeln stehenden vergesellschafteten Lebens, sei damals noch unbekannt gewesen. Tasso führt diese erotische Freiheit im Bild des Reigens der badenden Nymphen und ihrer Gefährten szenisch vor. Der Abstand zur Dramenhandlung im engeren Sinn ist hier am größten.

Goethe bezieht sich auf das Chorlied, behält auch die grundsätzliche inhaltliche Ausrichtung als Lobpreis ursprünglicher Sinnlichkeit im Einklang mit der Natur bei, dämpft aber den etwas ausgelassenen, anakreontischen Charakter des Grundtextes. Die „frohen Herden, die sich im Genuß verbreiteten" greift das „liete dolcezze de l'amoroso gregge" auf, „gli angui errâr senz'ira o tosco" findet sich wieder in der „Schlange, die im Grase unschädlich sich verlor", der Hinweis auf den Faun, der Silvia entführt und von Aminta bestraft wird, ist Handlungszitat aus der Pastorale. Aus den badenden Nymphen des Renaissancedichters ist allerdings der „weiche Fluß" geworden, der „die Nymphe sanft umfing".[61] Goethe stellt den Liebesreigen sinnbildlich in

---

60   Vgl. zu den antiken Vorbildern Tassos: Hellmuth Petriconi; „Das neue Arkadien", in: *Europäische Bukolik und Georgik*, S. 181–201. Detaillierte Hinweise finden sich auch im Anmerkungsteil der Textausgabe von Riesz, S. 188–193.

61   Im Chorlied steht zu lesen: „la verginella ignude / scopria sue fresche rose, / ch'or tien ne 'l velo ascose, / e le poma de 'l seno acerbe e crude; / e spesso in fonte o in lago / scherzar si vide con l'amata il vago." (S. 633) Freilich

der anthropomorph gezeichneten Natur dar: „Ein jüngeres Gebüsch die zarten Zweige / um sehnsuchtsvolle Liebe traulich schlang." Überhaupt ist Mensch und Natur in einem innigen Verhältnis ursprünglicher Zugehörigkeit aufgefasst: „Wo jeder Vogel in der freien Luft / und jedes Tier [...] zum Menschen sprach: erlaubt ist was gefällt." (V. 992–994). Noch in einem weiteren Punkt weicht Goethe vom Renaissancetext ab: am Schluss des Chorlieds heißt es dort in Anspielung auf Catull[62] und auf die *brevitas vitae*: „Amiam, che 'l Sol si muore e poi rinasce: / A noi sua breve luce / s'asconde, e 'l sonno eterna notte adduce". (S. 634). Die Nähe des Todes – durch den Begriff „eterna notte" noch gesteigert – löscht die vorgängig beschriebene diesseitige Lebensfreude aus, sodass die arkadische Welt wie hinter einem Vorhang verschwindet. Sie wird dadurch zur Chimäre, und zurück bleibt eine Stimmung melancholischer „Trübung" (Patricia Oster). Die durch das Chorlied suggerierte erotische Freizügigkeit wird auf diese Weise vollständig zurückgenommen. Bei Goethe verhält es sich anders: Sein Arkadien, das den Tod nicht kennt,[63] ist mehr als literarisches Zitat. Goethes Tasso ruft Arkadien als wahren Ursprungsort der Menschheit und zugleich der Poesie auf. Es geht ihm nicht vornehmlich um den *locus amoenus* pastoraler Dichtung als Ereignisraum einer vom Zwang der Wirklichkeit gelösten phantasierten Gegenwelt zur höfischen. Sein Arkadien transzendiert die

---

wäre der Vorwurf der Prüderie bei Goethe völlig fehl am Platz. Zur philosophisch-ästhetischen Deutung des goldenen Zeitalters, wie sie der Goethesche Tasso vornimmt, würde eine derartige Passage schlecht passen; außerdem wäre sie in Anbetracht des Umstandes, dass Tasso mit der Prinzessin spricht, in Hinsicht auf das *decorum* unangebracht.

62 Vgl. das Catull-Gedicht: „Vivamus, mea Lesbia, atque amemus, [...] soles occidere et redire possunt: / nobis, cum semel occidit brevis lux, / nox est perpetua una dormienda" (Catull, *Sämtliche Gedichte*, Lateinisch/Deutsch, übers. und hrsg. von Michael von Albrecht, Stuttgart 2001, S. 10 [Nr. 5]).

63 Das bekannte Motto, das Goethe der ersten Version der *Italienischen Reise* vorausschickt: „Et in Arcadia ego", bezieht sich nicht wie in den Quellen (etwa bei Nicolas Poussin) auf den Tod, sondern auf sein eigenes glückliches Italienerlebnis. Der Tod scheint aus Goethes Arkadien verbannt. Vgl. hierzu Goethe, *Italienische Reise*, kommentiert von Herbert von Einem, München 1981, Anmerkung zum Motto, S. 582f. Vgl. hierzu auch: *Kunstliteratur als Italienerfahrung*, hrsg. von Helmut Pfotenhauer, Tübingen 1991.

Wirklichkeit gleichsam auf einen utopischen Horizont hin.[64] Als das Wort von der goldenen Zeit fällt, reagiert Tasso sogleich emphatisch: „O welches Wort spricht meine Fürstin aus! / Die goldne Zeit wohin ist sie geflohn? / Nach der sich jedes Herz vergebens sehnt!" (V. 978–980). An dieser Rede fällt nicht nur die persönliche Ergriffenheit auf; das Phantasiebild Arkadien konkretisiert sich in Tassos Erleben so stark, dass es quasi an die Stelle der Wirklichkeit tritt.[65]

Tassos utopische Auslegung des goldenen Zeitalters folgt dabei einem im Umkreis idealistischen Denkens häufig vorkommenden Paradigma, das von einem dreistufigen geschichtsphilosophischen Modell ausgeht: dabei wird der von einem gedachten idealen Urzustand abgefallenen, sinnfernen Gegenwart ein in der Zukunft wieder zu errichtender Idealzustand entgegengesetzt. Diese Vorstellung liegt im Wesentlichen auch der Schiller'schen Ästhetik zugrunde. In dem poetologischen Essay *Über naive und sentimentalische Dichtung* heißt es:

> Aber ein solcher Zustand [des paradiesischen Ursprungs] findet nicht bloß vor dem Anfange der Kultur statt, sondern er ist es auch, den die Kultur, wenn sie überall nur eine bestimmte Tendenz haben soll, als ihr letztes Ziel beabsichtigt. Die Idee dieses Zustandes allein und der Glaube an die mögliche Realität derselben kann den Menschen mit allen den Übeln versöhnen, denen er auf dem Wege der Kultur unterworfen ist".[66]

---

64 Andreas Anglet hat dies klar gesehen. Er geht vom Denkbild des „erfüllten Augenblicks" aus, in dem „Wirklichkeit auf ihr Ideal hin transparent wird." Andreas Anglet, *Der „ewige" Augenblick. Studien zur Struktur und Funktion eines Denkbildes bei Goethe*, Köln, Weimar, Wien 1991, S. 364.

Die utopische Dimension war wohl immer im Arkadientopos angelegt, aber erst in der Moderne wird sie thematisch, indem sie an die Stelle der christlichen Heilserwartung tritt.

65 Insofern ist Wolfdieter Rasch nicht zuzustimmen, wenn er schreibt, dass Tassos Arkadien nur der „Wahlspruch einer verschwundenen Zeit, eines verlorenen seligen Zustands" bedeute; vgl. Rasch, S. 75.

66 Friedrich Schiller, *Theoretische Schriften*, S. 770. Die Schrift ist zwar 1795, also nach *Tasso*, erschienen, kann aber für den geistesgeschichtlichen Kontext in weiterem Sinn herangezogen werden. Vgl. dazu auch: Gerhard Kaiser, *Von Arkadien nach Elysium. Schiller-Studien*, Göttingen 1978 sowie: Helmut Koopmann: „Über naive und sentimentalische Dichtung", in: *Schiller-Handbuch*, hrsg. von Helmut Koopmann, Stuttgart 1998, S. 627–638.

Schiller nennt den ursprünglichen Zustand nicht entfremdeten Lebens „Natur".[67] Es ist jenes Verhältnis, das Goethes Tasso mit dem „erlaubt ist was gefällt" benennt. Da das Sittliche, wie auch von Rousseau gesehen, wesensmäßig zum ursprünglichen Menschsein gehört, kann hiermit kein Zustand lasziver Promiskuität gemeint sein, sondern, in Analogie zur biblischen Paradieserzählung von der Menschheit vor dem Sündenfall, eine Seinsweise, in der Vernunft und Neigung, Denken und Empfinden eine Einheit bilden.[68] Die Wiederherstellung dieses idealen Weltverhältnisses ästhetisch zu antizipieren, ist nun nach Schiller Aufgabe der Dichtung: Insofern der Dichter mit dem Naturzustand eins ist, spricht er vom *naiven* Dichter, als dessen Urbild Homer zu betrachten ist; modernes Dichten wurzelt aber praktisch immer im *Sentimentalischen*, das heißt in einer Grunderfahrung der Distanz vom Ideal, das entweder als verlorenes oder als ersehntes der Wirklichkeit gegenübertritt. Diesem Verständnis gemäß ist Goethes Tasso gleichsam der archetypische Repräsentant des *sentimentalischen* Dichters. Wenn Schiller dem *Sentimentalischen* gattungstypologisch Idylle und Elegie[69] zuordnet, berührt er damit zugleich die bevorzugten Gattungen der Bukolik.

Auch die Gestalt des Tirsi in *Aminta* beschwört Arkadien als Usprung der dichterischen Seinsform. Als die Geschichte eine tragische Wendung zu nehmen droht, sucht er die Höhle des Hirten Elpino auf, um zu dichten. Tasso lässt ihn dabei einige Formulierungen des Chorliedes wiederholen. Die Dichtung vermöge es, „[di] raddolcir gli amarissimi matrir / a 'l dolce suon de la sampogna chiara, / ch'ad udir trae da gli alti monti i sassi / e correr fa di

---

67 Dieser Naturbegriff ist über Rousseau vermittelt; jedoch teilen weder Goethe noch Schiller die Negation der Kultur, wie Rousseau sie vornimmt. Kultur solle nach Schiller den Menschen zu seiner ursprünglichen Natur zurückführen. Für Goethe im Besonderen ist auch der Einfluss Herders bedeutsam, der den Naturbegriff geschichtsphilosophisch deutet und Natur und Geschichte als Einheit denkt.

68 Diese Übereinstimmung, die letztlich auf eine Ineinssetzung von Materie und Denken hinausläuft, wurde im 18. Jahrhundert von den Sensualisten, etwa Condillac, vertreten und spielt vor allem bei Goethe eine eminente Rolle. Wichtig ist dabei aber auch das Goethe ebenfalls über Herder vermittelte spinozistische *deus sive natura*.

69 Als dritte Gattung kommt bei Schiller die hier nicht relevante Satire in Betracht.

puro latte i fiumi / e stillar mele da le dure scorze." (S. 652f.). Dichtung mag hier zwar eine tröstende Funktion haben, eine utopische Dimension aber hat sie nicht. Sie bildet auch keinen autonomen Bereich, sondern erfolgt quasi auf Veranlassung des Herzogs,[70] ist von seiner Gunst abhängig und fungiert letztlich als Teil des höfischen Systems, was vom historischen Tasso nie in Frage gestellt worden ist. Die Möglichkeit, Arkadien so zu deuten, wie es Goethes Tasso tut, ist im 16. Jahrhundert angesichts der epistemologischen Grenzen des Renaissancediskurses schlichtweg undenkbar. Die Renaissance kennt noch kein geschichtsphilosophisches Modell, das in einer säkularen Teleologie gründen würde. Ebenso wenig gibt es eine anthropologisch fundierte Erfahrung des Subjektiven, aus der heraus das Ich eine ideale Welt als individuelle Glücksutopie[71] entwerfen könnte. Die Welt ist zwar nicht mehr die vollkommene Schöpfung des christlichen Gottes im Sinne einer Seinsordnung, in der der Mensch von Beginn an seinen Platz innehat; aber ein Verständnis des Menschen als eigenbestimmtes Wesen in Folge dessen, was Blumenberg[72] die „Selbstermächtigung" des modernen Menschen nennt, bleibt der späteren Neuzeit als Aufgabe vorbehalten. Wenn Goethes Tasso sagt, dass sich „jedes Herz vergeblich nach der goldnen Zeit sehnt" (V. 980), so kommt gerade diesem „vergeblich"[73] eine besondere semantische Ausdrucksnuance zu. Das Modaladverb löscht hier nicht etwa den Bedeutungswert des Satzes, sondern bewirkt, ganz im Gegenteil, eine emotionale Steigerung des Signifikats „goldene Zeit". Das Ideal erweist sich dann am machtvollsten, wenn eine „vergebliche Sehnsucht" es trägt.

Die oben skizzierte Auslegung des goldenen Zeitalters als eines utopischen Glücksanspruchs rückt auch das Dichtungsverständnis des Goethe'schen Tasso in ein anderes Licht. Seine Auslassung über die Einheit von Dichtung und Heldentum (V. 545ff) braucht dann nicht als

---

70   Der Herzog sagt explizit zu Tirsi: „Tirsi, [...] tu canta, or che se' in ozio." (S. 643).

71   Renaissance und frühe Neuzeit sind zweifellos bevorzugte Epochen der Utopie; alle bekannten Entwürfe (von Morus bis Bacon) sind aber gesellschaftspolitische Utopien.

72   Siehe Hans Blumenberg, *Die Legitimität der Neuzeit*, Frankfurt 1988, S. 159–204.

73   Das Wort „vergeblich" verwendet Goethe sehr bewusst an zentraler Stelle auch im *Faust*; vgl. *Faust I*, V. 459.

„anachronistisch"[74] abgetan zu werden; auch die Zurückweisung des Lorbeerkranzes wird aus dieser Erwartungsperspektive des erst zu Erreichenden verständlich. Die Prinzessin begreift sehr wohl, was Tasso meint. In ihrer Antwort auf das „erlaubt ist was gefällt" deutet sie aber seine Utopie platonisierend in ideale Freundschaft um. Die Apostrophe „mein Freund" erscheint zweimal an markanter Position, am Beginn und am Schluss ihrer Replik:

> Mein Freund, die goldne Zeit ist wohl vorbei:
> Allein die Guten bringen sie zurück;
> Und soll ich dir gestehen wie ich denke,
> Die goldne Zeit, womit der Dichter
> Uns zu schmeicheln pflegt, die schöne Zeit, sie war,
> So scheint es mir, so wenig als sie ist,
> Und war sie je, so war sie nur gewiß,
> Wie sie uns immer wieder werden kann.
> Noch treffen sich verwandte Herzen an
> Und teilen den Genuß der schönen Welt;
> Nur in dem Wahlspruch ändert sich, mein Freund,
> Ein einzig Wort: erlaubt ist was sich ziemt. (V. 995–1006).

Die Prinzessin weist anfänglich Tassos Auslegung Arkadiens als illusionär zurück, besinnt sich dann aber und legt die Denkfigur als mögliche Beziehungsform einer privaten Seelengemeinschaft „verwandter Herzen" aus. Damit gesteht sie freilich – im Rahmen des durch die höfische Etikette Möglichen – Tasso ihre Zuneigung. Das „erlaubt ist was sich ziemt" bedeutet daher nicht nur die Affirmation einer höfischen Verhaltensnorm;[75] über das Zitat aus Guarinis *Pastor fido* legt die Prinzessin gewissermaßen ein Selbstbekenntnis ab. Es ist das verinnerlichte Gesetz, das ihren Begehrensanspruch Tasso gegenüber zum Ausdruck bringt. Die hiermit einhergehende Beschränkung, die de facto auf eine Trennung[76] zwischen

---

74 So Dieter Borchmeyer im Anmerkungsteil der Tasso-Ausgabe, S. 1420.

75 Dies hat Wolfdietrich Rasch völlig richtig gesehen, wenn er schreibt: „Allerdings zeigt die Antwort der Prinzessin, daß sie mit ihrem Hinweis auf das, was ‚sich ziemt', nicht so sehr an moralisches Gesetz und sittliche Vorschrift gedacht hatte, sondern mehr an die Sicherheit des inneren Gefühls." (Rasch, S. 80).

76 Gabriele Girschner behauptet, die Realität würde sich für die Prinzessin „in ein Reich des Traumes ‚verklären'." (Girschner, S. 157). In Wahrheit ist es

Sinnlichkeit und Geistigkeit – aber auch zwischen Kunst und Leben –[77] hinausläuft, empfindet Tasso, die Botschaft des sublimierten Liebesanspruchs überhörend, als empfindliche Einschränkung seines universalen Anspruchs; er verurteilt demnach das „erlaubt ist was sich ziemt" als rein äußerliches Prinzip, das lediglich der Willkür und dem Zweckdenken der Mächtigen dient:

> O wenn aus guten, edlen Menschen nur
> Ein allgemein Gericht bestellt entschiede,
> Was sich denn ziemt! Anstatt dass jeder glaubt,
> Es sei auch schicklich, was ihm nützlich ist.
> Wir sehn ja, dem Gewaltigen, dem Klugen
> Steht alles wohl, und er erlaubt sich alles. (V. 1007–1012)

An dieser Stelle lässt Goethe den Dichter eine Kritik feudalaristokratischer Selbstherrlichkeit äußern. Dieter Borchmeyer geht wohl etwas zu weit, wenn er Tassos Replik (im Sinne Kants) als Kundgabe einer neuen Ethik ansieht, die in der Vernunft und Eigenverantwortlichkeit des Menschen gründet;[78] Tasso spricht aus seiner Empfindung gegen die überkommene Ordnung und nicht reflektiert. Nicht weniger deutlich schwingt in seinen Worten eine Kulturkritik an der einseitigen Utilitarismusvorstellung der Aufklärung mit. Das Gespräch verfolgt aber diese Richtung nicht weiter, da die Prinzessin ohnehin etwas anderes im Sinn hatte. Sie lenkt das Gespräch auf die Beziehungsebene, also auf das Private, zurück, schließlich

---

genau umgekehrt. Die Prinzessin trennt Phantasie und Wirklichkeit, die aus Sicht Tassos eine Einheit bilden und zusammengehören.

77 Auch hier geht es nicht primär um Dilettantismus (Vaget, S. 244), die Prinzessin vertritt ein auf die Privatsphäre beschränktes Rezeptionsverständnis, worin sie Kunst und Leben strikt auseinanderhält. Darin nimmt sie schließlich – wider die anderslautenden Programme aller Avantgarden – die bürgerliche Kunstauffassung bis auf den heutigen Tag vorweg. Vgl. hierzu Peter Bürger, „Zum Problem der Autonomie der Kunst in der bürgerlichen Gesellschaft", in: ders., *Theorie der Avantgarde*, Frankfurt 1974, S. 49–75.

78 „Der konventionellen Moral [...] stellt [Tasso] das Ideal eines Sittengesetzes gegenüber, das nicht von fremden partikulären Zwecken, vom Nutzen und vom Interesse der Mächtigen bestimmt ist, [...] sondern das in nichts anderem als der moralischen Vernunft gründet." Dieter Borchmeyer, *Höfische Gesellschaft und französische Revolution bei Goethe*. Adliges und bürgerliches Wertsystem im Urteil der Weimarer Klassik, Kronberg/Ts. 1977, S. 67.

bezweckt sie eine Klärung des Verhältnisses zu Tasso in ihrem Sinn. Wie Vaget zu Recht gesehen hat, ist ihre Rede vom „nah beschränkte[n] Gut", von „Beständigkeit", vom „holden Schatz von Treu' und Liebe" ein Bild intimer Familienidylle, also ein bürgerliches Ideal (sie fällt damit klar aus dem höfischen Rahmen).[79] Es schwingt in ihren Worten vom männlichen Streben nach Freiheit und weiblicher Beständigkeit und Treue aber auch ein Zug verdeckter Eifersucht auf die Gräfin Sanvitale mit.[80] Die Prinzessin möchte Tassos Begehren auf sich alleine ziehen:

> (Prinzessin:) Wenn's Männer gäbe, die ein weiblich Herz
> Zu schätzen wüßten, die erkennen möchten,
> Welch einen hohen Schatz von Treu und Liebe
> Der Busen einer Frau bewahren kann, […]
> Wenn der Besitz, der ruhig machen soll,
> Nach fremden Gütern euch nicht lüstern machte:
> Dann wär uns wohl ein schöner Tag erschienen,
> Wir feierten dann unsre goldne Zeit[81]. (V. 1035–1038; 1044–1047)

Tasso reagiert, ihre Äußerung wiederum missdeutend, mit der Sorge, hinter der sich ebenso Eifersucht verbirgt, sie wolle sich ehelich binden. Als die Prinzessin ihn diesbezüglich beruhigt („Für diesen Augenblick seid unbesorgt! / Fast möchte ich sagen: unbesorgt für immer." [V. 1058f.]), gesteht Tasso ihr seine Neigung ganz unverhüllt. Seine Worte sind an dieser Stelle vollendete Dichtung; die Einheit von Poesie und Leben wird in der Sprache erlebte Gegenwart:

> (Tasso:) O lehre mich das Mögliche zu tun!
> Gewidmet sind dir alle meine Tage.
> Wenn dich zu preisen, dir zu danken sich
> Mein Herz entfaltet, dann empfind ich erst
> Das reinste Glück, das Menschen fühlen können.
> Das göttlichste erfuhr ich nur in dir.[…]
> Du hast mich oft, o Göttliche, geduldet,

---

79 Vaget spricht vom „Ideal eines domestizierten, bürgerlichen Familienglücks"(S. 244).
80 Vgl. hierzu: Hinderer, S. 228.
81 Hier wird nun klar, welche Deutung die Prinzessin der goldenen Zeit gibt. Es ist in der Forschung des Öfteren auf die kunstvolle antithetische Führung der Gestalten und Motive hingewiesen worden, was hier am Beispiel des goldenen Zeitalters deutlich wird. Vgl. Hinderer, S. 251.

Und wie die Sonne, trocknete dein Blick
Den Tau von meinen Augenlidern ab. (V. 1065–1070; 1082–1083)

Das Begehren spricht nicht nur aus Tassos Worten, es strukturiert wechselseitig die Beziehung der beiden Gestalten zueinander;[82] und die bewusste Rede der Prinzessin von sublimierter Liebe als freundschaftlicher Herzensgemeinschaft wird fortgesetzt vom sinnlichen Liebeswunsch unterlaufen.[83] Kontrapunktisch auf die Bildsprache Tassos in V. 1082–83 bezogen ist die nahezu gleich lautende Replik der Prinzessin, als sie, die soeben widerstrebend ihre Zustimmung zu seiner Abreise nach Rom gegeben hat, die Ferne des geliebten Dichters schon beklagt: „Die Sonne hebt von meinen Augenlidern / Nicht mehr sein schön verklärtes Traumbild auf; / Die Hoffnung ihn zu sehen füllt nicht mehr / Den kaum erwachten Geist mit froher Sehnsucht;"[84] (V. 1857–1860).

Goethe führt den Dialog der beiden Gestalten, das ganze Stück hindurch, in kunstvoller Modulierung über Verhüllung und Enthüllung, Spiel und Widerspiel, bis das besondere diskursive Beziehungsgeflecht letztlich an Tassos verzweifeltem *passage à l'acte* im letzten Aufzug zerbrechen wird. Die vielschichtige Beziehungsstruktur, insbesondere die differenzierte Gestaltung von Nähe und Distanz, wird durch den nuancierten Einsatz der Personalpronomina zusätzlich unterstrichen. Goethe bedient sich hier eines Darstellungsmittels, das aus der klassischen französischen Tragödie bekannt ist: des Wechsels in der personalen Anrede:[85]

---

82 Es ist unangemessen, der Prinzessin Liebesunfähigkeit und Leidenschaftslosigkeit vorzuwerfen, wie dies Vaget (S. 245) tut; das Liebesbegehren der Prinzessin äußert sich im Medium des höfisch Sanktionierten.

83 Insofern steht die Metapher der Welle, wie sie auch an dieser Stelle vorkommt („Wie leichte Wellen, unbemerkt vorüber / Vor ihren Füßen rauschen […] [V. 1075f.]) und am Schluss des Stücks an zentraler Stelle begegnet, für beide Seinsbereiche: die Liebe und die Dichtung.

84 Vgl. hierzu auch Hinderer, S. 225.

85 Racine setzt dieses Mittel am Höhepunkt des Liebesgeständnisses Phèdres an Hippolyte ein; es ist Ausdruck höchster affektiver Spannung Phèdres:
     Hippolyte: Dieux! Qu'est-ce que j'entends? Madame, oubliez-vous
        Que Thésée est mon père et qu'il est votre époux?
     Phèdre: Et sur quoi jugez-vous que j'en perds la mémoire,
        Prince? Aurais-je perdu tous les soins de ma gloire?
     Hippolyte: Madame, pardonnez. J'avoue en rougissant,

Tasso: <u>Du</u> sagst mir Worte, die in meiner Brust
Halb schon entschlafne Sorgen mächtig regen.
Prinzessin: Was meinst <u>du</u>, Tasso? rede frei mit mir.[…]⁸⁶
Tasso: Verlassen wirst <u>du</u> <u>uns</u>, es ist natürlich;
Doch wie <u>wir</u>'s tragen wollen weiß <u>ich</u> nicht.
Prinzessin: Für diesen Augenblick <u>seid</u> unbesorgt!
Fast möchte ich sagen: unbesorgt für immer.[…]
Tasso: O <u>lehre mich</u> das Mögliche zu tun!
Gewidmet sind <u>dir</u> alle Tage. (V. 1048–1066 passim)

Goethe modifiziert allerdings dieses Verfahren: Während bei Racine derartige Stellen den unaufhaltsamen Durchbruch der Liebespassion kennzeichnen,
hält Goethe die Emotionen in einer ambivalenten Spannungsbalance; Lei-
denschaft erscheint so auch nicht durchgängig destruktiv, wie im rationalisti-
schen Kontext der französischen Klassik.⁸⁷ Betrachten wir den Gebrauch der
Personalpronomina noch etwas genauer, fällt eine bisweilen merkwürdige,
oft nahezu paradoxe Spannungssituation zwischen objektivierender Redeab-
sicht und subjektiver Mitteilungsintention auf.⁸⁸ Besonders deutlich ist dies in
den Versen: „(Tasso:) Verlassen wirst du uns, es ist natürlich; / Doch wie wir's
tragen wollen, weiß ich nicht.", worauf die Prinzessin antwortet: „Für diesen
Augenblick seid unbesorgt!", in denen die Anrede dreimal wechselt: „du-
uns", „wir-ich", „ihr". Selbst wenn man die Pluralformen auf den erweiterten

---

Que j'accusais à tort un discours innocent.
Ma honte ne peut plus soutenir votre vue;
    Et je vais…
Phèdre: Ah! Cruel, <u>tu</u> m'as trop entendue.
Je <u>t</u>'en ai dit assez pour <u>te</u> tirer d'erreur.
(Jean Racine, *Phèdre*. Tragédie en cinq actes. Französisch/Deutsch, übers.
und hrsg. von Wolf Steinsieck, Stuttgart 1995, S. 74, V. 663–671 Hervor-
hebung R.T.).

86   Tasso äußert die Befürchtung, die Prinzessin werde demnächst den Hof verlassen, um eine Ehe einzugehen. Eine unbegründete Befürchtung, wie sich
gleich herausstellen wird. Auch diese Wendung führt Goethe nicht zufällig
ein; Tassos wirkliche oder inszenierte Eifersucht bereitet dramaturgisch das
folgende Liebesgeständnis vor.

87   Bei Racine ist überdies der pessimistische, sinnenfeindliche Einfluss des Jan-
senismus in Rechnung zu stellen.

88   Aus diskurspragmatischer Sicht könnte man sagen, dass die Textwirkung
aus dem Widerspruch zwischen dem referentiellen und dem illokutionären
Anteil des Sprechakts herrührt.

Kreis der Hofgesellschaft bezieht, was textlogisch möglich ist, wirkt der abrupte Wechsel der Pronomina in einem so kurzen Textabschnitt dennoch irritierend. Naheliegend ist, dass Goethe die bewusste Absicht verfolgt, die Rede aus dem Widerstreit zwischen der höfischen Maxime weitestgehender Affektdistanz („pluralis majestatis") und dem persönlichen Anspruch nach unbedingter Selbstentäußerung im Gefühl („Ich-Aussage") sich entwickeln zu lassen.[89] Daher ist es konsequent, dass Tasso in dem Augenblick, da er der Prinzessin seine Neigung bekennt und das Verhältnis aus seiner Perspektive klären möchte, die Ambivalenz zugunsten des Du aufgibt. (V. 1065ff)

Insofern Tasso Dichtung und Leben nicht klar voneinander trennt, bedeutet sein Liebesgeständnis auch ein prononciertes Bekenntnis zu seinem Dichtertum. Die poetischen Gestalten aus dem Jerusalemepos, die er aufruft, sind ihm „Widerklang" der einen Liebe:

> (Tasso:) Was auch in meinem Liede widerklingt
> Ich bin nur Einer, Einer alles schuldig! [...]
> Mit meinen Augen hab ich es gesehn,
> Das Urbild jeder Tugend, jeder Schöne
> Was ich nach ihm gebildet das wird bleiben.
> Tancredens Heldenliebe zu Chlorinden
> Erminiens stille nicht bemerkte Treue,
> Sophroniens Großheit und Olindens Not.
> Es sind nicht Schatten die der Wahn erzeugte,
> Ich weiß es sie sind ewig, denn sie sind. [...]
> Welch einen Himmel öffnest du vor mir
> O Fürstin! Macht mich dieser Glanz nicht blind,
> So seh ich unverhofft ein ewig Glück
> Auf goldnen Strahlen herrlich niedersteigen. (V. 1092–1118, passim)

Der Ton der Rede steigt von der lyrischen über die heroische zur visionären Stillage empor, worin die ganze Spannweite seines Dichtens zum Ausdruck

---

89 Neumann erklärt den auffälligen Gebrauch der Personalpronomina als mit der höfischen Gesellschaft konform und sieht keinen Widerspruch zwischen Individuum und Gesellschaft, wenn er schreibt: „Indem die Figuren ‚wir' sagen, berufen sie zugleich ihre unverwechselbare Individualität. Indem sie sich zur Gesellschaft bekennen, beharren sie doch auf dem ‚Eigentümlichen ihres Ich': Konfiguration im goetheschen Sinne ist Miteinander und Fürsichsein zugleich." (Neumann, S. 57f.). Aus meiner Sicht benützt Goethe die den Personalpronomina als *shifter* innewohnende Unschärfe, um die Gefühlsambiguität künstlerisch zu gestalten.

kommt. Wie zuvor Arkadien, preist er jetzt, in vergleichbarer Denkfigur, die Welt der Ritter und Heroen als Materie einer poetischen Urerfahrung. Nach der Bekränzungsszene in I, 3 hatte Tasso bereits die Vorstellung, dass sich Dichter und Helden vereint „in freundlichem Gespräche" (V. 544) um eine Quelle versammeln (die kastalische Quelle auf dem Parnass als Symbol der Dichtung bietet sich als Referenzverweis an): „O säh ich die Heroen, die Poeten / Der alten Zeit um diesen Quell versammelt!" (V. 545f.) Nur durch die Liebe wird aber die poetische Inspiration zu einer allumfassenden Seinserfahrung, die letzlich Kunst und Leben zusammenführt, sodass Tassos Bekenntnis aus seiner Empfindung gerechtfertigt erscheint. Bemerkenswert ist allerdings, dass die Prinzessin selbst ihm hierfür das Stichwort liefert, indem sie die Armida-Figur, jene verführerische Zauberin und heidnische Botin der Sinnenfreude aus dem Jerusalemepos, ins Spiel bringt, und dadurch selbst bewusst-unbewusst in die Rolle der Verführerin rückt. Tassos Geständnis kann insofern nur mehr als Konsequenz eines provozierten Missverständnisses gedeutet werden. Aus seiner Perspektive jedoch bedeutet es ein allumfassendes Bekenntnis zur künstlerischen und menschlichen Wahrheit, und zwar in mehrfacher Hinsicht: als Bekenntnis zur Einheit von Ideal und Wirklichkeit, Dichtung und Leben, Kunst und Freiheit.[90] Zu spät kommen die mäßigenden Worte der Prinzessin: „Nicht weiter Tasso! Viel Dinge sind's / Die wir mit Heftigkeit ergreifen sollen: / Doch andre können nur durch Mäßigung / Und durch Entbehren unser eigen werden. / So, sagt man, sei die Tugend, sei die Liebe / Die ihr verwandt ist. Das bedenke wohl!" (V. 1119–1124).

Noch ein Wort zum Verhältnis Kunst und Freiheit. Freiheit, so wie Tasso sie versteht, ist nicht gesellschaftspolitisch gemeint. Dies ist angesichts der brisanten Zeitumstände, in denen das Stück erschienen ist (1790), bedenkenswert. Im Gespräch mit der Prinzessin weist Tasso jede Form politisch-emanzipatorischen Freiheitsstrebens zurück: „Der Mensch ist nicht geboren frei zu sein, / Und für den Edeln ist kein schöner Glück / Als einem Fürsten, den er ehrt, zu dienen." (V. 930–932). Tasso rückt den Begriff Freiheit, ganz auf der Linie des Weimarer Programms, von den realpolitischen Ereignissen der Französischen Revolution in eine

---

90   Dieser universelle Anspruch lässt Tasso über Werther hinausgehen, rückt ihn bereits nahe an Faust heran.

gedanklich-ideelle Sphäre. Freilich entspricht die Hofgesellschaft, die Goethe entwirft, nur sehr entfernt der absolutistischen Ordnung alten Stils.[91] Für Goethes Tasso, ebenso wie für den historischen Dichter, bedeutet Freiheit in erster Linie künstlerisch-geistigen Freiraum innerhalb des feudalen Bezugssystems des Hofes: „Hier ist mein Vaterland, hier ist der Kreis / In dem sich meine Seele gern verweilt. / Hier horch ich auf, hier acht ich jeden Wink. / Hier spricht Erfahrung, Wissenschaft, Geschmack." (V. 449–452). Dass Tasso schließlich in Opposition zum Hof gerät, liegt daran, dass sich sein Bewusstsein erst allmählich klärt. Bis zur Rückkehr Antonios ist ihm der Hof idealisierter Projektionsraum und einzig denkbarer Entfaltungsbereich, er nimmt die Differenz zwischen seinem Anspruch und der gesellschaftlichen Wirklichkeit nicht wahr. Auch für die Fest- und Repräsentationskultur höfischen Lebens ist er empfänglich[92]. Goethe hat den Hof von Ferrara, der ohne Zweifel zu den herausragenden Zentren der Renaissancekultur zählte, weitgehend enthistorisiert und entpolitisiert, indem er die beträchtlichen Schwierigkeiten des Herzogtums, das aufgrund seines prekären Status als Lehen innerhalb des Kirchenstaates um sein Überleben kämpfte, ausblendet[93]. Wenn Tasso über Ferrara sagt: „Hier ist mein Vaterland" (V. 449), wird überdies deutlich, wie sehr die höfische Gesellschaft ihm Kompensation für biographisches Unglück ist. Goethe führt diesen Aspekt als Konterpart zu seinen hohen Idealvorstellungen ins Feld, sodass dem genialen Dichter der kranke und leidende Mensch gegenübergestellt wird:

---

91   Insofern ist Gabriele Girschners Deutung des Stücks verfehlt. Sie sieht den Hof von Ferrara als Sinnbild des niedergehenden Feudalsystems, das seine Dekadenz im Gewand einer humanistisch-klassizistischen Ästhetik kaschiert: „Im Gewand einer politisch impotent und historisch irrelevant gewordenen Adelsgesellschaft präsentiert Goethe die politische Ineffizienz der bürgerlichen Ideologie des antikisch orientierten Humanismus seiner Zeit." (S. 379)

92   Siehe hierzu V. 811–840.

93   Für den Fall, dass Alfons II. keine direkten männlichen Nachkommen bekommen sollte, drohte der Papst, das Herzogtum als heimgefallenes Lehen einzuziehen, was 1598 auch tatsächlich geschah. Innerhalb des Kirchenstaates verlor Ferrara seinen einstigen Glanz und sank zu völliger Bedeutungslosigkeit herab.

(Tasso:) Wenn die Natur der Dichtung holde Gabe
Aus reicher Willkür freundlich mir geschenkt,
So hatte mich das eigensinn'ge Glück[94]
Mit grimmiger Gewalt von sich gestoßen:
Und zog die schöne Welt den Blick des Knaben
Mit ihrer ganzen Fülle herrlich an,
So trübte bald den jugendlichen Sinn
Der teuren Eltern unverdiente Not.
Eröffnete die Lippe sich zu singen,
So floß ein traurig Lied von ihr herab,
Und ich begleitete mit leisen Tönen
Des Vaters Schmerzen und der Mutter Qual. (V. 405–416).

Die biographische Leiderfahrung in der Kindheit war offenbar das prägende Erlebnis seiner ganzen Lebensgeschichte. Gemeint sind das Exil des Vaters Bernardo aus dem Königreich Neapel und der frühe Verlust der geliebten Mutter.[95] Goethe versteht es, diese seelischen Eindrücke des Kindes einfühlsam zu schildern. Das Gefüge des Blankverses wird hier nahezu freirhythmisch gehandhabt und steht ganz im Dienst des gesteigerten emotionalen Ausdrucks: „Und zóg die schöne Wélt den Blíck des Knáben / Mit ihrer gánzen Fülle hérrlich àn, / So trübte bàld den júgendlìchen Sínn / Der tèuren Éltern únverdìente Nót. / Eröffnete die Líppe sìch zu síngen, / So flóß ein tráurig Lìed von ìhr heràb, / Und ìch begléitete mit léisen Tönen / Des Vàters Schmérzen und der Mùtter Qúal.“ Die starken Wortakzente

---

94 Mit „eigensinn'ges Glück" benennt Goethe die epochale Sinnfigur der Fortuna, die in der Renaissance- und Barockzeit für die existentielle Grunderfahrung der Kontingenz menschlichen Lebens steht. Selbst die mittelalterliche Ordnungsvorstellung, die der Fortuna die göttliche Providentia entgegenstellt, kann den Fortuna-Begriff nicht vollständig assimilieren. Vgl. Verf. „Der Widerstand der Fortuna: Zur christlichen Deutung einer paganen Allegorie in Dantes *Göttlicher Komödie*", in: Deutsches Dante-Jahrbuch, 82. Band (2007), S. 87–118.

95 Bernardo war aufgrund eines Streits seines Herrn Ferrante di Sanseverino mit dem spanischen Vizekönig von Neapel Ferrante ins Exil gefolgt und durfte nicht mehr in seine Heimatstadt Sorrent zurückkehren. Tassos Mutter Porzia blieb zurück und verstarb bald darauf. Die Zeit der kritischen Tasso-Biographien fällt erst in das spätere 19. Jahrhundert (vgl. Achim Aurnhammer, *Torquato Tasso in Deutschland*, S. 29). Die auch noch aus heutiger Sicht zuverlässigste Darstellung ist: Angelo Solerti, *Vita di Torquato Tasso*, I-III, Torino 1895.

auf „Not", „Schmerzen", „Qual" fallen wie Hammerschläge in das lyrisch-musikalische Stimmungsfeld, das den Text eigentlich grundiert. Gleichursprünglich mit der sinnlichen Wahrnehmung der „schönen Welt" ist die Gabe der Dichtung erwacht, sie kann sich aber über die dunklen Akzente des Schmerzes und der Not nicht erheben, lässt sich nur in „leisen Tönen" klagend vernehmen.[96] In dieser Passage ist somit der Grundakkord eines Dichterschicksals angeschlagen, in dem Dichtertum unauflöslich an das Leiden gebunden ist. Am herzoglichen Hof hofft Tasso Entschädigung für die Unbill seiner freudlosen und entbehrungsreichen Jugend zu finden. Der Herzog wird ihm quasi zum Vaterersatz:[97] „Du warst allein der aus dem engen Leben / Zu einer schönen Freiheit mich erhob; / Der jede Sorge mir vom Haupte nahm, / Mir Freiheit gab daß meine Seele sich / Zu mutigem Gesang entfalten konnte;" (V. 417–421). Die zweimalige Nennung des Wortes „Freiheit" in diesem Zusammenhang kehrt den Kardinalbegriff der Epoche beinahe in sein Gegenteil um, läuft doch die Freiheit, die Tasso hier bezeichnet, eindeutig auf gewollte Bindung an den Herzog und den Hof hinaus. Dieser Umstand wirft auch ein neues Licht auf seine Beziehung zur Prinzessin. Ohne Zweifel verehrt Tasso Eleonore von Este, seine Neigung hat aber auch deshalb einen so ausgeprägt idealisierenden Zug, weil sie ihm, noch deutlicher als der Herzog, zur rettenden Gestalt wird. Tasso erwartet von ihrer Liebe Heilung[98] seiner seelischen Beschädigung. Der auf das Zwiegespräch mit der Prinzessin folgende Monolog Tassos lässt hieran keinen Zweifel aufkommen: „Nein, künftig soll / Nicht Tasso zwischen Bäumen zwischen Menschen / Sich einsam, schwach und trübgesinnt verlieren! / Er ist nicht mehr allein, er ist mit Dir." (V. 1166–1169).

---

96   Parallel zu dieser Stimmungslage wird die Prinzessin in III, 3 ihre Zukunft nach Tassos Weggang vom Hof als seelische Verdunkelung vorstellen: „Welch eine Dämmrung fällt nun vor mir ein! / Der Sonne Pracht, das fröhliche Gefühl / Des hohen Tags, der tausendfachen Welt / Glanzreiche Gegenwart / ist öd und tief / Im Nebel eingehüllt der mich umgibt." (V. 1869–1873).

97   Insofern wird auch verständlich, dass Goethe Tasso verjüngt hat. Der historische Dichter war zum Zeitpunkt der Übergabe seines Epos an den Herzog kein Jüngling mehr, sondern bereits Mitte dreißig. Auch die Liebe zur Prinzessin lässt sich auf diese Weise leichter motivieren.

98   In gewisser Weise erwartet die Prinzessin dies von Tasso auch, allerdings innerhalb des Rahmens höfischer *bienséance*.

Nichts kann diesen Aufschwung eines greifbar scheinenden, ungeahnten Glücks bremsen. Die Fallhöhe ist mit dieser Klimax bezeichnet – in der darauffolgenden Szene mit Antonio beginnt der Sturz:

> (Tasso:) -Schwelle Brust!- O Witterung des Glücks
> Begünstge diese Pflanze doch einmal!
> Sie strebt gen Himmel, tausend Zweige dringen
> Aus ihr hervor, entfalten sich zu Blüten.
> O dass sie Frucht, o dass sie Freuden bringe!
> Daß eine liebe Hand den goldnen Schmuck
> Aus ihren frischen reichen Ästen breche. (V. 1189–1195)[99].

---

99   In dem „doch einmal" ist die ganze Erfahrung menschlichen Leids versinnbildlicht. Die Verse erinnern auch aufgrund des Einsamkeitsmotivs an die *Harzreise im Winter*; lediglich der jahreszeitliche Bezugskontext ist verändert: „Aber den Einsamen hüll / In deine Goldwolken! / Umgib mit Wintergrün, / Bis die Rose wieder heranreift, / Die feuchten Haare, / O Liebe, deines Dichters! // Mit der dämmernden Fackel / Leuchtest du ihm / Durch die Furten bei Nacht, / Über grundlose Wege / Auf öden Gefilden; / Mit dem tausendfarbigen Morgen / Lachst du ins Herz ihm." (FA, Bd. 1, S. 323f.)

2. Dichtung als Totalerfahrung der Welt

2.1 Der Mythos vom Heldendichtertum und die Großform des Epos

Dichtung aus dem Geist Arkadiens vermag dem Anspruch Tassos nicht zu genügen, weil sie das Weltganze nicht adäquat darzustellen vermag. Zwar scheint im arkadischen Raum eine Verbindung von Dichtung und Liebe möglich; Tassos Vorstellung zielt aber auf die Totalität des Lebens und schließt den Raum des Handelns mit ein. Wort und Tat, Welt und Repräsentation sind für ihn nicht klar geschieden, sondern gehören einem einheitlichen, ideal gedachten Seinsbereich zu. Deshalb sind ihm Dichter und Held wesensverwandt und der Hof ersehnter Begegnungsort beider Existenzformen. Symbolisches Bindeglied beider Bereiche ist der Lorbeer, mit dem ihn die Prinzessin auf Geheiß des Herzogs bekränzt (es ist noch einmal auf die zentrale Passage zurückzukommen):

> (Tasso:) O säh' ich die Heroen, die Poeten
> Der alten Zeit um diesen Quell versammelt!
> O säh' ich hier sie immer unzertrennlich
> Wie sie im Leben fest verbunden waren!
> So bindet der Magnet durch seine Kraft
> Das Eisen mit dem Eisen fest zusammen,
> Wie gleiches Streben Held und Dichter bindet.
> Homer vergaß sich selbst, sein ganzes Leben
> War der Betrachtung zweier Männer heilig, [...]
> O daß ich gegenwärtig wäre, sie
> Die größten Seelen nun vereint zu sehen! (V. 545–557)

Der Modus des Irrealis verleiht diesen Worten, die Tasso kurz nach der Bekränzung spricht, ähnlich wie in der Arkadien-Episode, die Qualität des Visionären. Auch an dieser Stelle verschwimmen die Konturen des Vergangenen und des Zukünftigen, lässt die bildhafte Phantasie die eigentliche Gegenwart verblassen und setzt stattdessen das Ideal. Die Welt der Ritter und Heroen wird zur Materie einer poetischen Urerfahrung aus dem Geist beschworener Einheit von Heldentum und Poesie. Während die Rede über das goldene Zeitalter aber noch dialogisch konzipiert und die Prinzessin als Gegenüber mitgedacht war, bleibt Tasso hier mit seinem inneren Bild allein, er hat sich von den übrigen Personen abgesondert und spricht wie in einem inneren Monolog. Merkwürdig unbestimmt, nahezu traumartig setzen seine Worte ein:

> Und zeigt mir ungefähr ein klarer Brunnen
> In seinem reinen Spiegel einen Mann,
> Der wunderbar bekränzt im Widerschein
> Des Himmels zwischen Bäumen zwischen Felsen
> Nachdenkend ruht: so scheint es mir ich sehe
> Elysium auf dieser Zauberfläche
> Gebildet. Still bedenk' ich mich und frage
> Wer mag der Abgeschiedne sein? Der Jüngling
> Aus der vergangnen Zeit? So schön bekränzt? (V. 532–540)

Die Form des Unbestimmten – die Gestalt des Jünglings ist nicht eindeutig als Selbstbild zu identifizieren – steht im Widerspruch zum kurz darauf reklamierten Wirklichkeitsanspruch der Dichtung als Heldengesang. Die Rede wirkt unsicher, die Enjambements retardieren den Sprachfluss: „zwischen Felsen // nachdenkend ruht: so scheint es mir ich sehe // Elysium auf dieser Zauberfläche // gebildet.[…] Der Jüngling // Aus der vergangnen Zeit." Wenn mit dem Jüngling Tasso gemeint ist, erweist sich das Bild doch von seiner Ich-Welt dissoziiert, die objektive Wirklichkeit tritt hier vollständig zurück. Mythengeschichtlich ist das Bildarrangement („klarer Brunnen", „reiner Spiegel") auf Narziss zu beziehen, was sich als Deutungsschlüssel für die spezifische Ausprägung der Subjektivität bei Tasso erweisen wird.

Dass Goethe Tassos Ideal in Form des Heldentums fasst, hat einerseits dichtungsimmanente, andererseits stoffgeschichtliche Gründe. Das Heldenlied galt in den älteren Dichtungslehren, die im Wesentlichen der aristotelischen Poetik folgten, mit der Tragödie als Gipfel der Literatur. Allerdings kannten die volkssprachlichen Traditionen anfänglich weder Tragödie noch Epos im klassischen Sinn. Weit verbreitet war allerdings die Ritterepik, die noch in der italienischen Hochrenaissance mit Ariost eine späte Blüte erleben sollte. Der *Orlando furioso* erzählt in einer Vielzahl von Episoden mehr von den Liebes- als den Heldentaten der Ritter um Karl den Großen, wobei die zentralen Gestalten Orlando (Roland), Ruggiero, der mythische Gründer des Hauses Este, und Rinaldo weitgehend eigenständig agieren, sodass das Werk keine Handlungseinheit im strengen Sinn besitzt. Der Stoff dieser als *romanzo* bezeichneten Gattung ist seit dem Mittelalter bekannt, die innovative Leistung Ariosts besteht nun darin, der überkommenen Form ein neues, diesseitig und anthropozentrisch ausgerichtetes Lebensgefühl im Sinne der Renaissance verliehen zu haben. Der *Orlando furioso* präsentiert ein überaus breites Panorama humaner Verhaltens- und Erlebensmuster, wobei den verschiedenen Ausprägungsformen der Liebe eine dominante Rolle zufällt; aber auch Freundschaft und Loyalität ebenso wie Missgunst und Hass, hohe wie niedrige Beweggründe, motivieren das Handlungsgeschehen. Als Höhepunkt der Dichtung gilt die Erzählung von Rolands Wahn, der aufgrund der Untreue Angelicas mit einem einfachen Fußsoldaten den Verstand verliert, seinen gesellschaftlichen Rang und seine Bestimmung als Paladin Karls des Großen einbüßt und, quasi ganz entmenschlicht, auf die Stufe der *bestialitas* herabsinkt. Ariost schildert die Charaktere typenhaft, es fehlt ihnen eine klar umrissene Individualität. Die Erzählung bedient sich genregemäß der Instanzen des Wunderbaren und Märchenhaften, ohne dass der Bezug zum Übersinnlichen metaphysisch-theologisch begründet würde. Überhaupt lässt sich eine klare Deutungslinie aus diesem vielstimmigen Werk nicht herauslesen; auch verbindliche Wertnormen scheint es nicht zu transportieren. Daher wurde der *Furioso* nicht selten als Paradigma autonomer Fiktionalität und narrativer Freiheit gedeutet.[100] Das Werk zelebriert allerdings keinen diesseitigen Optimismus, es ist auch nicht Abbild eines harmonischen Weltzustandes. Dissonanzen und Widersprüche bleiben unaufgelöst,[101] wie etwa an den unterschiedlichen Liebesmodellen, die im Text begegnen, deutlich wird.[102] Allenfalls kommt dem wiederholten Einsatz ironischer Verfahren, die die narrative Struktur reichlich modulieren, eine spannungsentlastende Funktion zu.[103]

---

100 Vgl. hierzu: Lanfranco Caretti, *Ariosto e Tasso*, Torino 2001, bes. S. 15–40.

101 Man denke an Ruggieros frühen Tod, den geringen militärischen Erfolg des christlichen Heeres und den zerstörerischen Wahn Rolands.

102 So verkörpern die einzelnen Liebespaare (Orlando-Angelica, Angelica-Medoro, Ruggiero-Bradamante, Ruggiero-Alcina und Isabella-Zerbino) sehr unterschiedliche, nicht selten problematische Beziehungsmuster.

103 Siehe die Einleitung zur Ausgabe: Ludovico Ariosto, *Orlando Furioso e Cinque Canti*, a cura di Remo Ceserani e Sergio Zatti, volume I, Torino

Bevor nach der Funktion Ariosts in Goethes Drama zu fragen ist, müssen wir die Entwicklung der Versepik und der poetologischen Theorie bei Tasso selbst verfolgen. Der poetologische Reflexionsprozess und die damit einhergehende Wandlung in den ästhetischen Vorstellungen sind bei Tasso derart einschneidend, dass sie nur verständlich werden, wenn man sie auf die tiefgreifende Veränderung der politisch-gesellschaftlichen Verhältnisse im Italien der zweiten Hälfte des Cinquecento bezieht. Erst dann wird das Umfeld des historischen Dichters erschließbar. Der Epoche der späten Renaissance ist nämlich ein grundsätzlicher Widerspruch eingeschrieben, der in Tasso besonders deutlich zum Ausdruck kommt; und diese Konfliktlage hat Goethe, wenn er sie auch aus der historischen Dimension im engeren Sinn herauslöst, wahrgenommen und ins Überzeitliche gehoben. Das Interesse für Tasso erweist sich so aus der Problemkonstellation der historischen Dichtergestalt motiviert.

Die Öffnung der Renaissance auf die Welt und den Menschen geschieht in Folge des problematisch gewordenen Systementwurfs des mittelalterlichen Aristotelismus, wie er die Scholastik auszeichnet. Die mittelalterliche Kosmologie war ebenso fragwürdig geworden wie der theologische Seelenbegriff. Die Renaissance bemüht sich um eine schrittweise Neufassung der Bestimmung des Menschen und seines Weltverhältnisses und liest die nun philologisch besser erschlossenen und zahlreicher zur Verfügung stehenden antiken Quellen auf diese neue Orientierung hin. Wirklichkeit wird, anders als in der mittelalterlichen Sicht, als aktiv gestaltbar und veränderbar begriffen, zumal dann, wenn es gelingt, die der Welt zugrunde liegende rationale Ordnung zu entschlüsseln. Im Menschen selbst liegt die Fähigkeit, den einheitlichen Zusammenhang zwischen Mensch und Kosmos zu erkennen, weil der Mensch quasi als Mikrokosmos das Weltganze in sich spiegelt.[104] Ideelles Fundament dieser spekulativen Denkbemühung ist die Platon-Renaissance, die im Florenz des 15. Jahrhunderts, vor allem durch Marsilio Ficino und Pico della Mirandola, initiiert wurde. Der weltoffene Hof

---

2006, bes. S. 61–79. Ceserani und Zatti betonen stärker als Caretti die offene Struktur und die narrativen und thematischen Ambivalenzen in Ariosts Epik.

104   Vgl. hierzu: Ernst Cassirer, *Individuum und Kosmos in der Philosophie der Renaissance*, Darmstadt 1994.

Lorenzos des Prächtigen trug zum Entstehen eines einzigartigen intellektuellen Klimas bei, dem auch die bildende Kunst wesentliche Anregungen verdankt. Die besondere Dignität des Menschen gründet nach Pico della Mirandola in seiner spezifischen Sonderstellung im Kosmos und ist somit ontologisch-metaphysisch motiviert.[105] Auch Freiheit deduziert Pico aus der Seinsordnung, nicht etwa aus einem Akt humaner Selbstbestimmung. Ebenso ist die sinnliche Welt nicht aus sich legitimiert, sondern Signum des Göttlichen. So sehr die moralisch-theologische Ordnung des Mittelalters in diesem Denken diskreditiert und Subjektivität aufgewertet erscheint, die Gedankenwelt der platonistischen Richtung der Renaissance bewegt sich dennoch innerhalb eines theologischen Bezugshorizonts und theologisch-metaphysisch ist auch das Fundament des neuen Menschenbildes.

Die zweite wichtige Denkrichtung der Renaissance geht von einem sensualistisch-empirischen Ansatz aus und beruft sich auf einen von scholastischen Vorstellungen gereinigten Aristoteles, den sie weniger als Metaphysiker, sondern als Naturphilosophen restituiert. Als zentraler Repräsentant dieser Richtung, die sich vor allem in Padua etabliert, kann Pietro Pomponazzi gelten. Sein Blick zielt auf den Menschen als Naturwesen, als leib-seelisches Ganzes, dessen Dasein in einen rationalen, naturgesetzlichen Gesamtzusammenhang eingebettet zu denken ist; die Metaphysik, insbesondere die transzendente Seelenlehre der Platoniker, erfährt hier eine klare Depotenzierung. Pomponazzi gelangt auf der Basis einer textwissenschaftlichen Aristotelesexegese zur Erkenntnis, dass aus der aristotelischen Philosophie die Unsterblichkeit der Seele nicht gefolgert werden kann. Da die Renaissance aber noch keine Systematik in der Naturbetrachtung kennt und Naturgesetze noch nicht in mathematisch-allgemeingültiger Form ausdrücken kann, fehlt ihr die aus moderner Perspektive notwendige wissenschaftliche Grundlage, um verifizierbares Wissen zu produzieren. Wie Ernst Cassirer nachweist, verzögert die Vorstellung von einer ursprünglichen Einheit alles Seienden sogar die Ausprägung einer mathematisch fundierten Naturwissenschaft:

In dieser Hinsicht zeigt sich nunmehr [...], daß die Hinwendung zur sinnlichen Fülle der Erscheinungswelt und das Streben, sie unmittelbar zu ergreifen und

---

105 Siehe die grundlegende Schrift: Pico della Mirandola, *De hominis dignitate. Über die Würde des Menschen*, Lateinisch/Deutsch, Stuttgart 1997, bes. S. 8.

gewissermaßen auszuschöpfen, den spezifisch-modernen Begriff der „Natur"
nicht nur nicht geschaffen, sondern daß sie ihn vielmehr hintangehalten und ge-
hemmt hat. Solange nicht, durch das Medium der Mathematik und durch die
neuen Denkmittel, die aus ihm hervorgingen, bestimmte Kriterien der Erfahrung
selbst geschaffen waren, solange fehlte es dem Empirismus der Renaissance an
jedem objektiven Wertmaßstab und an jedem Prinzip der Auswahl unter den sich
zudrängenden Beobachtungen. In bunter Fülle, aber zugleich in völlig chaotischer
Regellosigkeit, reihen sich jetzt die einzelnen ‚Tatsachen' aneinander."[106]

In der spekulativen Naturphilosophie der Renaissance haben demnach
auch Vorstellungsweisen wie Magie, Alchimie und Astrologie, die als
Manifestationen des Natürlichen gelten, noch ihren festen Platz. An den
Himmelskörpern wird die „Rationalität und Gesetzmäßigkeit der Welt"
abgelesen.[107] Gerade die Astrologie versinnbildlicht in besonderer Weise
die Interdependenz und den allgemeinen Verweisungszusammenhang der
Weltphänomene. Die alles beherrschende Denkfigur der Renaissance ist
demnach, wie Foucault eindrücklich dargelegt hat,[108] die Analogie. Sie
stiftet die universelle Relation, über die letztlich alles mit allem in eine
Sinnbeziehung treten kann. Nun kann aber Wissen, das nach derartigen analogischen Schlüssen gewonnen wurde, nicht verbindlich sein, da
„jede erdenkliche Similarität als signifikant galt".[109] Das diskursive Profil
des Renaissancezeitalters ist daher am treffendsten mit Küppers Begriff

---

106 Ernst Cassirer, *Individuum und Kosmos*, S. 160.
107 Vgl. Thomas Sören Hoffmann, „Pietro Pomponazzi", in: *Philosophie der
     Renaissance. Eine Einführung in 20 Porträts*, Wiesbaden 2007, S. 157.
108 Vgl. das Kapitel „La prose du monde", in: Michel Foucault, *Les mots et les
     choses. Une archéologie des sciences humaines*, Paris 1966, S. 32–59.
109 Joachim Küpper, *Die entfesselte Signifikanz. Quevedos Sueños, eine Sati-
     re auf den Diskurs der Spätrenaissance*, Egelsbach, Köln, New York 1992,
     S. 8. Küpper bringt einige nahezu paradoxe Beispiele, wie Wissen innerhalb
     der analogischen Episteme zustande kommt: „Nach Sicht der Zeit kons-
     tituierten die Pflanzen des Feldes nicht nur das Umfeld des Bauern; ihre
     Eigenschaften seien vielmehr in der Lage, etwas über ihn auszusagen, und
     zwar Essentielles; die ewige Wiederkehr von Wachsen, Blühen und Vergehen
     verweisen auf *constantia*, das in den Feldern wuchernde Unkraut auf *vicio-
     sitas*." (ebd.) oder: „Aus der Ähnlichkeit der Samenhülsen des Eisenhuts mit
     dem menschlichen Augenlid folgere, daß diese geeignet seien, Augenkrank-
     heiten zu heilen." (ebd., S. 10)

der „heterogenen Pluralität" zu charakterisieren.[110] Ariosts *Orlando furioso* repräsentiert genau diese Diskursstufe. Wenn oben behauptet wurde, dass rinascimentales Denken oftmals noch in einem theologischen Bezugskontext steht, so darf dies nicht in der für das Mittelalter charakteristischen Sichtweise aufgefasst werden. Im vertikal und hierarchisch geordneten Diskurs der Scholastik kam der Theologie die oberste Bedeutung und somit die zentrale Deutungshoheit zu. Dies gilt in der Renaissance so nicht mehr. Wie schon bei Cusanus deutlich ist, steigt die Theologie gewissermaßen aus den Höhen der Transzendenz in die horizontale Bezugswirklichkeit des Menschen herab; deshalb auch das aus moderner Sicht oft seltsame Nebeneinander von profanen und religiösen Inhalten.[111] Auch hier steht der Renaissancediskurs im Zeichen einer irreduziblen Offenheit. Entscheidend ist überdies, dass sich mit dem Schwund des hermeneutischen Primats der Theologie Partialdiskurse aus dem einheitlichen semiotischen Feld herauslösen und sich zumindest teilweise als autonome Einzeldiskurse etablieren konnten. Dies gilt beispielsweise für den Bereich des Politischen (Machiavelli), des Höfischen (Castiglione), aber auch für die Dichtung. Was im Großen nicht zu leisten ist, nämlich eine neue Ordnung der Wirklichkeit und des Menschen zu entwerfen, gelingt teilweise im Bereich bestimmter Realitätssegmente. Diese stehen allerdings wiederum unvermittelt und ohne Bezug auf eine zentrale Ordnungsstruktur nebeneinander.

Die hier skizzierte erste Phase der Renaissance, als Zeit der Vielfalt und Neuorientierung, weist eine emanzipatorische und optimistische Grundhaltung auf. Sie bedeutet aber auch eine massive Erschütterung jener gesellschaftlichen und politischen Kräfte, die die Einheit des überkommenen Gesellschaftssystems repräsentieren bzw. ihre Legitimität aus den alten Denkformen ableiten, nämlich der Kirche und des Reichs. Das Reich hatte

---

110 Joachim Küpper, *Diskurs-Renovatio bei Lope de Vega und Calderón*, Tübingen, 1990, S. 270.

111 Vgl. etwa die ikonographisch nicht eindeutig zu entschlüsselnden Werke Giorgiones, etwa „Die drei Philosophen" oder „Der Sturm". Siehe hierzu: Peter D. Moser, „Nochmals zu den ‚Drei Philosophen'. Ist der Giorgione-Code im Kunsthistorischen Museum wirklich geknackt worden?", in: *Was aus Fehlern zu lernen ist in Alltag, Wissenschaft und Kunst*, hrsg. von Otto Neumaier, Wien, Berlin 2010, S. 157–192.

schon im späteren Mittelalter auf das in zahlreiche Stadtstaaten und Regionalterritorien zersplitterte Italien kaum mehr Einfluss. Der ideellen Vielfalt der Renaissance entspricht auf politischer Ebene die große Zahl an unterschiedlichen politischen Gebilden, wobei die größeren Staaten (Venedig, Mailand, Florenz, der Kirchenstaat und Neapel) in der Frührenaissance eine für Italien einmalige und seltene Machtbalance bildeten.[112] Der Habsburgische Hegemonialanspruch aus dem Geist des mittelalterlichen Universalismus sollte die italienische Staatenlandschaft der Renaissance grundlegend verändern. Die kirchliche Autorität hingegen erfuhr durch die Reformation, selbst ein Kind der Renaissance,[113] eine Erschütterung bis in ihre Grundfesten. Sie wird in der Folge des Tridentiner Konzils ein großangelegtes Projekt der Restauration des mittelalterlichen Einheitsdenkens und des orthodoxen Aristotelismus auf den Weg bringen, das in den katholischen Ländern zur Staatsdoktrin wurde und das geistige Leben bis weit ins 18. Jahrhundert hinein prägen sollte.[114] Die spätere Renaissance steht demnach unter grundsätzlich veränderten Ausgangsbedingungen; es ist die Zeit des Lebens und Wirkens Torquato Tassos. Der Kleinstaat von Ferrara war einer der Brennpunkte der Epoche, sowohl was ihre frühere, offenere Ausprägung betrifft, als auch in der Zeit der späteren, durch die Ideologie der Gegenreformation geprägten Phase. Kaum ein Großer der

---

112 Dieses Gleichgewicht endet mit dem Tode Lorenzos des Prächtigen 1492. Das darauf folgende theokratische Machtregime Savonarolas zeigt wiederum sehr deutlich die Janusgestalt jener Zeit. Savonarola ist keinesfalls mit den Reformatoren des 16. Jahrhunderts vergleichbar; sein Projekt besteht darin, die mittelalterliche Heilsordnung anachronistisch wiederherzustellen.

113 In italienischen Darstellungen liest man oft die Meinung, die Reformation habe das geistige Erbe der Renaissance zerstört. In Wahrheit ist es genau umgekehrt. Die Reformation ist aus den philosophischen und theologischen Prämissen des neuen Denkens hervorgegangen. Luther hat dies selbst bekannt und bezieht sich explizit auf Renaissancedenker und Humanisten wie Lorenzo Valla. Vgl. hierzu: Hoffmann, *Philosophie der Renaissance*, S. 228. Zur Einstufung der Reformation als geistesgeschichtlicher Katastrophe siehe Francesco Sberlati, *Il genere e la disputa. La poetica tra Ariosto e Tasso*, Roma 2001, S. 13–30, bes. S. 18.

114 Seit der maßgeblichen Studie Joachim Küppers, der die gegenreformatorische Ideologie in der Literatur der Barockzeit untersucht hat, wird dieses Phänomen der Rekatholisierung als Diskurs-Renovatio bezeichnet. Vgl. Joachim Küpper, *Diskurs-Renovatio* (cit.).

Zeit, der Ferrara nicht besucht hätte: Pico della Mirandola, Pomponazzi, Speroni, Patrizi, Kepler, Paracelsus, Clément Marot, Montaigne, aber auch Calvin.[115]

> (Leonore:) Hier zündete sich froh das schöne Licht
> Der Wissenschaft, des freien Denkens an,
> Als noch die Barbarei mit schwerer Dämmrung
> Die Welt umher verbarg. [...]
> Ferrara ward mit Rom und mit Florenz
> Von meinem Vater viel gepriesen! [...]
> Italien nennt keinen großen Namen,
> Den dieses Haus nicht seinen Gast genannt. (V. 64–76 passim).

Geistesgeschichtlich ist das Herzogtum Ferrara also keineswegs Peripherie, und es kann kaum überraschen, dass wir gerade dort den bedeutendsten Dichter der Spätrenaissance antreffen.

Im Folgenden soll es auf Grundlage der skizzierten ideengeschichtlichen Ausgangssituation um Dichtung und Dichtungstheorie im engeren Sinn gehen. Die Poetik hat sich als epochaler Teildiskurs in der Renaissance explizit konstituiert. Eine nahezu unüberschaubare Zahl an poetologischen Traktaten aus jener Zeit ist auf uns gekommen, und auch Tasso beschäftigt sich intensiv mit Dichtungstheorie. Es ist verständlich, dass Wesen und Funktion der Dichtung gerade in Zeiten zunehmender ideologischer Indienstnahme von Kunst und Literatur von Seiten des politischen Systems zur Diskussion stehen. Die Bemühung des historischen Tasso läuft hierbei darauf hinaus, der Literatur ihren Status als eigenständige künstlerische Ausdrucksform so weit als möglich zu sichern. Dies schien aber nur erreichbar durch strikte Reglementierung nach den Vorstellungen der aristotelischen Dichtungslehre, die nicht als deskriptive Poetik aufgefasst wurde, was sie eigentlich ist, sondern als präskriptive Regelpoetik. Die Normierung der dichterischen Ausdrucksformen war offensichtliches Desiderat in Zeiten unbewältigter Vielheit. Die poetologischen Überlegungen betrafen im Wesentlichen die Gattungsfrage, die Einheit der Handlung, den

---

115 Interessanterweise war Ferrara Zentrum der Reformierten in Italien; Calvin hatte die Stadt besucht, die Mutter Alfonsos II. war selbst Calvinistin. Goethe erwähnt diesen Umstand (V. 1792ff.), spart aber die politischen Verwicklungen aus, die sich dadurch mit dem Kirchenstaat ergaben (Ferrara war nominell Teil des Patrimonium Petri).

Wirklichkeitsgehalt des Dargestellten und die Orientierung an den antiken Modellautoren. Statt Vielfalt, Offenheit und Individualisierung, wie für die vorangehende Epoche charakteristisch, werden jetzt andere Forderungen an das Dichtwerk gestellt: die Objektivierung der Darstellung im Sinne eines klaren Wirklichkeitsbezugs, die einheitliche Handlungsorientierung auf ein kollektives Interesse hin und die inhaltliche Rezentrierung auf die christliche Heilsvorstellung, wobei Letzteres vor allem der Zielsetzung der tridentinischen Kulturpolitik entsprach. Insofern ist der Gattungsstreit um Romanzo oder Epos[116] nicht lediglich eine innerästhetische Auseinandersetzung, sondern berührt die geistesgeschichtliche Grundproblematik der Zeit, die um verbindliche Leitlinien und verlässliche Ordnungskriterien ringt. Die Gattung, die dem Ordnungsanspruch, aber auch der Vorstellung von der Einheit des Weltganzen,[117] am besten gerecht werden konnte, war freilich das Epos. Hegel weist dem Epos die Aufgabe zu, das „Ganze einer Welt" zu repräsentieren.[118] Sofern dieser Begriff im Sinne der Darstellung einer bestimmten welthistorischen Epoche aufgefasst wird, ist die *Gerusalemme liberata* Spiegelbild und Synthese der tridentinischen Spätrenaissance. Dies trifft gerade auch im Hinblick auf die von Hegel kritisierte Artifizialität der auf den Barock vorausweisenden manieristischen Sprache zu.[119] Andererseits weiß sich Tassos Epos auch der klassisch-antiken

---

116 Vgl. hierzu: Gerhard Regn, „Schicksale des fahrenden Ritters. Torquato Tasso und der Strukturwandel der Versepik in der italienischen Spätrenaissance.", in: *Modelle des literarischen Strukturwandels*, hrsg. von Michael Titzmann, Tübingen 1991, S. 45–68.

117 Es ist zu bedenken, dass ja das Tridentinum nicht nur innertheologischer Diskurs ist, es geht vielmehr um eine grundsätzliche Neubestimmung aller Bereiche des Denkens, Lebens und Handelns unter heilsgeschichtlichem Aspekt. Dieser ganzheitliche Impuls bedeutete zwar in ideologischer Hinsicht eine Uniformierung des Geisteslebens, beförderte aber in der Kunst Ausdrucksformen, die eine neue Totalität der Anschauung umsetzten, wie die Oper, das spanische Barockdrama und eben Tassos Epos.

118 Präzise formuliert fordert Hegel vom Epos die Darstellung einer individuellen Handlung vor dem Hintergrund des objektiven Weltzusammenhangs: „Der Inhalt des Epos ist, wie wir sahen, das Ganze einer Welt, in der eine individuelle Handlung geschieht." Georg Wilhelm Friedrich Hegel, *Ästhetik*, Dritter Teil, Die Poesie, Stuttgart 1971, S. 158

119 „Dennoch aber fehlt es gerade diesem Gedicht [der Liberata] am meisten der Ursprünglichkeit.[...] [es erscheint als] ein Poem, d.h. als eine poetisch

Tradition Homers und Vergils verpflichtet und befindet sich den griechisch-römischen Modellautoren gegenüber in der Haltung der *aemulatio*, ja der Überbietung, da die italienische Literatur in dieser prestigeträchtigen Gattung bisher nichts Nennenswertes vorzuweisen hatte.[120]

Die Dichtungsreflexion der Zeit kreist um den Begriff der aristotelischen Mimesis. Die große Zahl an poetologischen Abhandlungen, zumeist Kommentare der aristotelischen Poetik, belegt die Brisanz dieser Thematik. Besonders relevant ist dabei das Kapitel 9, in dem es heißt: „Aus dem Gesagten ergibt sich [...], daß es nicht Aufgabe des Dichters ist mitzuteilen, was wirklich geschehen ist, sondern vielmehr, was geschehen könnte, d.h. das nach den Regeln der Wahrscheinlichkeit oder Notwendigkeit Mögliche."[121] Während aber Aristoteles den Begriff des Wahrscheinlichen so versteht, dass Literatur einem logischen Konstruktionsprinzip aus Notwendigkeit und Wahrscheinlichkeit folgt, sich also auf außerliterarische Wirklichkeit bezieht, ohne „naturalistisches Nachahmen" noch „pure Fiktion"[122] zu sein, wird der Begriff in der Renaissance ontologisch gedeutet und strikt an die Kategorie der „Wahrheit" geknüpft. Wenn aber der Literatur auferlegt ist, das „Wahre" zu repräsentieren, gerät sie leicht in einen Legitimationskonflikt, und zwar dann, wenn sie dem jeweils für wahr Gehaltenen nicht genügt.[123] Die aus der Anbindung des Fiktionalen an die Wahrheit erwachsende Vorgabe zwingt die Dichtung zu fortgesetzter Selbstreflexion,

---

gemachte Begebenheit, und vergnügt und befriedigt sich vornehmlich an der Kunstbildung der schönen, teils lyrischen, teils episch schildernden Sprache und Form überhaupt." (ebd., S. 196f.)

120   Giovan Giorgio Trissinos heroisches Epos *L'Italia liberata dai Goti*, der erste Versuch in dieser Gattung, blieb erfolglos.

121   Aristoteles, *Poetik*, Griechisch/Deutsch, übers. und hrsg. von Manfred Fuhrmann, Stuttgart 1982, S. 29.

122   Otfried Höffe, „Einführung in Aristoteles' Poetik", in: *Aristoteles, Poetik*, hrsg. von Otfried Höffe, Berlin 2009, S. 3. Vgl. zum Thema der Rezeption der aristotelischen Poetik in der Spätrenaissance: Andreas Kablitz, „Dichtung und Wahrheit – Zur Legitimität der Fiktion in der Poetologie des Cinquecento", in: *Ritterepik der Renaissance*. Akten des deutsch-italienischen Kolloquiums Berlin 30.3. – 2.4. 1987, hrsg. von Klaus W. Hempfer, Stuttgart 1989, S. 77–122.

123   Darin besteht im Wesentlichen die Kritik der Spätrenaissance an der Gattung des Romanzo, wie sie Ariost vertreten hatte.

erzeugt also ein hohes poetologisches Bewusstsein, birgt aber auch ein erkenntnistheoretisches Problem, zumal da der Wahrheitsbegriff selbst in der Renaissance zur Diskussion steht. So wird auch der interpretatorische Spielraum, der sich zwischen dem „Wirklichen" und dem „Möglichen" auftut, in der poetologischen Diskussion der Zeit verschiedentlich zu Gunsten der Dichtung ins Treffen geführt, etwa im Zusammenhang mit der Erörterung des „Wunderbaren", was für Tasso in der Variation des *meraviglioso cristiano* eine entscheidende Rolle spielt. Letztlich dienen die verschiedenen Argumentationsansätze vor allem dem Ziel, die Legitimität der Dichtung in krisenhaften Zeiten zu behaupten. In dieser Hinsicht ist Tassos poetologische Schrift *Discorsi dell'arte poetica e in particolare sopra il poema eroico* [124] relevant. Auch Tasso versucht zunächst, den Mimesisbegriff über das Wahrscheinliche (*il verisimile*) zu fassen:

> La materia [...] o si finge, ed allora par che il poeta abbia parte non solo nella scelta, ma nell'invenzione ancora; o si toglie da l'istorie. Ma molto meglio è, a mio giudicio, che da l'istoria si prenda: perché, dovendo l'epico cercare in ogni parte il verisimile (presupongo questo, come principio notissimo), non è verisimile ch'una azione illustre, quali sono quelle del poema eroico, non sia stata scritta e passata a la memoria de' posteri con l'aiuto d'alcuna storia. [125]

Das Wahrscheinliche erweist sich aber sogleich als zu wenig tragfähig, weshalb Tasso sich genötigt sieht, den Stoff des Heldengedichts („azione illustre") an die reale Geschichte anzubinden. „Wahr" im höheren Sinn impliziert aber in der Epoche der Gegenreformation die religiöse Dimension, sodass die Stoffwahl konsequenterweise auf die „istorie di vera religione" [126] fällt. Durch die Religion legitimiert erscheint auch jener Bereich des Wunderbaren, der die Welt des Romanzo so durchgängig geprägt hatte. In der Tat sind auch die Gestalten der *Liberata* „cavalieri erranti", die allerdings, wie Regn gezeigt hat, [127] nie ganz aus der Verantwortung ihrer Waffenpflicht entlassen werden, und demnach in die Haupthandlung eingebunden bleiben. Ihre Irrungen (*errori*), zumeist Liebeshändel, sind

---

124 Torquato Tasso, *Prose*, a cura di Ettore Mazzali, Milano, Napoli 1959 (hinfort zitiert als: *Prose*).
125 *Prose*, S. 351.
126 *Prose*, S. 357.
127 Regn, *Schicksale des fahrenden Ritters*, S. 61.

jetzt aus religiöser Sicht als moralische Verfehlungen (Sünden) deutbar. Tassos Poetik lässt sich so gesehen klar als Versuch verstehen, rinascimentales Erbe unter geänderten ideologischen Bedingungen zu bewahren. Die Höhe seiner Dichtungsauffassung schlägt sich, wie erwähnt, auch in der Gattungswahl des heroischen Epos nieder. Während die von Aristoteles präferierte Tragödie vor allem auf affektive Läuterung durch Erregung starker Emotionen, wie Schrecken und Jammer,[128] abzielt, stellt das Epos, so Tasso, die Idee des hohen ritterlichen Menschentums vor: „l'illustre dell'eroico è fondato sovra l'imprese d'una eccelsa virtù bellica, sovra i fatti di cortesia, di generosità, di pietà, di religione."[129] In gewisser Weise unterläuft der Dichter hier die aristotelische Mimesisvorstellung und macht der Dichtung – auf der Linie einer eher platonistisch inspirierten Auffassung – die Darstellung universeller Idealität zur Pflicht.[130] Deutlich ist aber auch, dass Tasso dabei die Wertewelt des Hofes im Auge hat und sein Gedicht dementsprechend als poetische Überhöhung höfischer Gesinnung verstanden wissen will. Dies traf in gewisser Weise auch auf Ariost zu, der ja im Proömium zum *Orlando furioso* explizit auf die höfische Sphäre Bezug nimmt: „Le donne, i cavalier, l'arme, gli amori / le cortesie, l'audaci imprese io canto".[131] Höfisches war aber bei Ariost stets mit Niederem vermischt, der Stil des Gedichts demnach ausgesprochen heterogen. Tasso hingegen bedient sich in der *Gerusalemme liberata* ausnahmslos des Registers des *stilus grande*. Überall sollen „nobiltà" und „eccelenza" walten.[132] Obwohl der poetologische Text in sich widersprüchlich ist, was für den Diskurs der Renaissance, der nicht den cartesianischen Vorstellungen des *clare* et *distincte* folgt, ja insgesamt typisch ist, lässt sich eine dominante Absicht ausmachen: Tasso reklamiert fortgesetzt Freiheitsspielräume, die er den regelpoetischen Normen abzuringen sucht, gibt aber zugleich vor, diesen Normen strikt zu folgen. So insistiert er an anderer Stelle des Traktats auf einer freieren Auslegung des *verisimile*, und zwar dann, wenn

---

128 So die von Fuhrmann vorgeschlagene Übersetzung der aristotelischen Begriffe *phobos* und *eleos*. Aristoteles, *Poetik*, S. 161ff.
129 *Prose*, S. 360.
130 Kablitz, S. 97.
131 Ludovico Ariosto, *Orlando furioso*, a cura di Lanfranco Caretti. Presentazione di Italo Calvino, vol. I, Torino 1966, S. 3.
132 *Prose*, S. 361.

dies im Interesse der poetischen Wirkung geboten scheint. Ähnlich würde die Liebesgeschichte von Dido und Aeneas den engen Rahmen der „severità dell'altre materie" durch „piacevolissimi ragionamenti d'amore"[133] variierend auflockern. Unverrückbar bleibt aber als Hauptpostulat die aus der aristotelischen Tragödientheorie entwickelte und auch auf das Epos angewendete Formel von der Einheit der Handlung:

> Or poiché avrà il poeta ridutto il vero ed i particolari dell'istoria al verisimile ed a l'universale, ch'è proprio dell'arte sua, procuri che la favola […], ch'indi vuol formare, sia intiera, o tutta che vogliam dire, sia di convenevol grandezza, e sia una.[134]

Die Vorstellung von der Einheit der Dichtung entspringt allerdings nicht allein innerliterarischen Überlegungen. Im Epos wird die Einheit der Welt gegenständlich. Das Kunstwerk erscheint gleichsam als Mikrokosmos und Spiegel des geordneten Weltganzen. Die narrative Struktur hat die ontologische Ordnung zu versinnbildlichen. Jegliches individuelle Handeln erweist sich daher in den universalen heilsgeschichtlichen Sinnbezug eingebunden. Auch diese Argumentation verfolgt den Zweck, Dichtung als Wahrheitsdiskurs zu rechtfertigen. Und wenn die Dichtung als Spiegel der Schöpfung eine spezielle metaphysisch abgesicherte Dignität zugesprochen erhält, erweist sich auch der Dichter in Analogie zum Schöpfergott entsprechend nobilitiert. Diese für die Renaissance typische Analogie Schöpfergott – Dichter[135] führt Tasso explizit in seiner poetologischen Abhandlung aus. Die folgende Passage enthält gewissermaßen die Quintessenz der Poetik der Spätrenaissance und verdient auch aufgrund ihrer literarischen Qualität Beachtung:

> Sì come in questo mirabile magisterio di Dio, che mondo si chiama, e 'l cielo si vede sparso o distinto di tanta varietà di stelle; e, discendendo poi giuso di mano in mano, l'aria e 'l mare pieni d'uccelli e di pesci; e la terra albergatrice di tanti animali cosí feroci come mansueti, nella quale e ruscelli e fonti e laghi e prati e campagne e selve e monti si trovano; e qui frutti e fiori, là ghiacci e nevi, qui abitazioni e culture, là solitudini ed orrori; con tutto ciò uno è il mondo che tante e sí diverse cose nel suo grembo rinchiude, una la forma e l'essenza sua, uno il modo dal quale sono le sue parti con discorde concordia insieme congiunte e collegate;

---

133 *Prose*, S. 367.
134 *Prose*, S. 368.
135 S. hierzu auch: Kablitz, S. 114.

e non mancando nulla in lui, nulla però vi è di soverchio o di non necessario: cosí parimente giudico che da eccellente poeta (il quale non per altro divino è detto se non perché, al supremo Artefice nelle sue operazioni assomigliandosi, della sua divinità viene a partecipare) un poema formar si possa nel quale, quasi in un picciolo mondo, qui si leggano ordinanze di eserciti, qui battaglie terrestri e navali, qui espugnazioni di città, scaramucce e duelli, qui giostre, qui descrizioni di fame e di sete, qui tempeste, qui incendii, qui prodigii; là si trovino concilii celesti ed infernali; là si veggiano sedizioni, là discordie, là errori, là venture, là incanti, là opere di crudeltà, di audacia, di cortesia, di generosità; là avvenimenti d'amore, or felici or infelici, or lieti or compassionevoli; ma che nondimeno uno sia il poema che tanta varietà di materie contegna, una la forma e la favola sua, e che tutte queste cose siano di maniera composte che l'una l'altra riguardi, l'una a l'altra corrisponda, l'una da l'altra o necessariamente o verisimilmente dependa: sí che una sola parte o tolta via o mutata di sito, il tutto ruini.[136]

Hier kommen noch einmal die zentralen Denkfiguren des Renaissancezeitalters zur Sprache: die Vielheit und Mannigfaltigkeit des Irdischen, die Annahme eines universellen Seinszusammenhangs aller Erscheinungen, die wechselseitige Referenz des Mikro- und des Makrokosmos, die Vorstellung vom Dichter als Analogon des Schöpfergottes. Nicht befriedigend lösbar ist freilich das Verhältnis Einheit und Vielheit; das Theorem der „discorde concordia" bleibt letztlich paradox und verweist auf eine epistemologische Aporie. Ästhetisch scheint es allerdings fruchtbar, weil es die Vieldimensionalität des literarischen Werks legitimiert und in sich widersprüchliche Konzepte zusammenzuführen erlaubt. Indem Tasso die Welt des höfischen Romans in die epische Struktur integriert, führt er in das Epos eine zentrale subjektive Komponente ein.[137] Darin liegt ein wesentliches Moment von Tassos Modernität. Die Hauptgestalten des Epos: Rinaldo, Tancredi, Goffredo, Armida, Clorinda, Erminia, aber auch die Muslime: Solimano, Aladino, Argante zeigen ein deutlich individualisiertes Profil. In der Gestaltung innerpsychischer Zerrissenheit und persönlicher Identitätskonflikte, die, wie am Beispiel Tancredis ersichtlich, bis zur Selbstzerstörung gehen können, erreicht Tassos Gestaltungsvermögen seinen Höhepunkt.

---

136 *Prose*, S. 387–388.
137 Vgl.: Karlheinz Stierle, „Erschütterte und bewahrte Identität – Zur Neubegründung der epischen Form in Tassos »Gerusalemme liberata«", in: *Das Epos in der Romania*. Festschrift für Dieter Kremers zum 65. Geburtstag, hrsg. von Susanne Knaller und Edith Mara, Tübingen 1986, S. 383–414.

Als Tancredi während eines nächtlichen Duells in tragischer Verkennung seines Gegenübers die geliebte Amazone Clorinda tödlich verwundet (die berühmteste Stelle des Epos!), schildert Tasso die zerstörerische Verzweiflung des Helden folgendermaßen:

> (Tancredi:) Vivró fra i miei tormenti e le mie cure,
>   mie giuste furie, forsennato, errante;
>   paventeró l'ombre solinghe e scure
>   che 'l primo error mi recheranno inante,
>   e del sol che scoprì le mie sventure,
>   a schivo ed in orrore avrò il sembiante.
>   Temeró me medesmo; e da me stesso
>   sempre fuggendo, avrò me sempre appresso.[138]

Das Bild des irrenden Helden, das aus den Ritterromanen bekannt ist, wird hier zur mehrdeutigen Schlüsselmetapher für die existentielle Not des Menschen, der nicht nur jegliche Weltorientierung verloren hat, sondern auch seine Ich-Identität in der Brandung destruktiver Triebimpulse zerfallen sieht. Die außerpsychische Welt scheint ihm nur spiegelbildlich die Urbilder des Verhängnisses zurückzuwerfen („paventeró l'ombre solinghe e scure / che 'l primo error mi recheranno inante"). Die unbewältigbare Schuld schlägt in blanken Selbsthass um: „Temeró me medesmo; e da me stesso / sempre fuggendo, avró me sempre appresso."

Resümierend lässt sich sagen, dass es Tasso unter den veränderten Vorgaben einer Ästhetik, die das Objektive und eine einheitliche epische Handlungsordnung fordert, dennoch gelingt, subjektive Wirklichkeit überzeugend zu gestalten. Über den Modus der Subjektivität kann auch die lyrische Ausdrucksform (ebenso ein Erbe des Romanzo) in die epische Handlung integriert werden.[139] Dies geschieht an zwei prominenten Stellen der *Liberata*, einerseits in der pastoralen Einlage am Beginn des VII. Gesangs, wo der Aufenthalt Erminias bei den Hirten geschildert wird, andererseits in den Armida-Rinaldo-Gesängen (XIV–XVI), die – wohl zum letzten Mal in der Renaissanceliteratur – das Urbild des irdischen Paradieses anklingen lassen; das allerdings gedämpft, weil durch die Einbindung der Szene in den epischen Handlungsverlauf die Rinaldo-Geschichte praktisch „ganz aus der

---

138   *Poesie*, S. 313 [=XII, 77].
139   Siehe Karlheinz Stierle, *Erschütterte und bewahrte Identität*, S. 392.

Perspektive seiner Rückholung" erzählt wird[140] und die Schilderung der Sinnenfreude aus dieser Warte unter ein moralisches Verdikt (Gegenreformation!) gestellt ist.

Tassos Epos ist der großangelegte Versuch, die teilweise schwer zu harmonisierenden Epochentendenzen zu einer mustergültigen Synthese zusammenzuführen. Die intendierte Absicht, die dargestellte Vielheit aus einer letztendlichen, allordnenden Einheit hervorgehen zu lassen, musste allerdings aus den impliziten Prämissen der Renaissance-Episteme, die einen solchen Ordnungsdiskurs[141] nicht mehr kennt, scheitern. Und so legt gerade das Normpostulat, das aus der Regelpoetik und der aristotelischen Mimesis folgt, jene Bruchlinien frei, die in dem spezifischen Selbst-und Weltverhältnis, das Tasso im Epos gestaltet, zutage treten. Insofern ist die *Gerusalemme liberata* nicht nur von ihrem Anspruch, sondern auch in ihrer Umsetzung ein epochales Zeitdokument. Treffend hat Ulrich Leo in einer historischen Studie vom „Unruhestil"[142] Tassos gesprochen; Lebensunsicherheit und Lebensangst sind zwar auf den ersten Blick biographische Indikatoren, verweisen aber auch auf das Krisenhafte jener Spätzeit insgesamt.

2.2 Repräsentation des Weltganzen und subjektivistische Vereinzelung

Aus der Rekonstruktion des historischen Befundes lässt sich ersehen, dass Goethes *Tasso* nicht nur einen beiläufigen stoffgeschichtlichen Bezug zum Renaissancezeitalter aufweist; einige grundlegende philosophische und ästhetische Fragestellungen, die das Schauspiel, wenn auch aus der Perspektive des späten 18. Jahrhunderts, thematisiert, wurden in der frühen Neuzeit erstmalig aufgeworfen. Die Beziehungen der diskursiven Formationen zueinander sind daher nicht nur in Form von Brüchen, sondern auch von Kontinuitäten zu beschreiben, was an Goethes Drama im Einzelnen aufzuzeigen ist.

---

140 Gerhard Regn, *Schicksale des fahrenden Ritters*, S. 63.
141 Diesen gab es ja verbindlich nur im mittelalterlichen Aristotelismus. Das Tridentinum war demnach genötigt, auf diesen Diskurs zu rekurrieren und ihm wieder zu universeller Geltung zu verhelfen.
142 Vgl. Ulrich Leo, *Torquato Tasso. Studien zur Vorgeschichte des Secentismo*, Bern 1951, S. 15–55.

In der Forschung zum historischen Tasso bediente man sich des Öfteren des Begriffs *bifrontismo*, um die gegensätzlichen Strukturphänomene des Werks zu benennen.[143] Auch Goethes Figur steht im Spannungsfeld nicht oder nur schwer zu vereinbarender antithetischer Tendenzen. Der Widerstreit zwischen subjektiven und objektiven Ansprüchen kennzeichnet die Figur insgesamt. Sein Epos zielt auf die Darstellung objektiver Wirklichkeit, für die ihm die höfische Welt Anschauung liefert und die er gleichsam ins Ideale heroischer Überzeitlichkeit transzendiert. So ist der Hof ihm nicht nur sozialer Raum der Repräsentation, sondern selbst ästhetisches Ereignis:

> (Tasso:) Als unerfahrner Knabe kam ich her,
>   In einem Augenblick, da Fest auf Fest
>   Ferrara zu dem Mittelpunkt der Ehre
>   Zu machen schien. O! Welcher Anblick wars!
>   Den weiten Platz, auf dem in ihrem Glanze
>   Gewandte Tapferkeit sich zeigen sollte,
>   Umschloß ein Kreis, wie ihn die Sonne nicht
>   So bald zum zweitenmal bescheinen wird.
>   Es saßen hier gedrängt die schönsten Frauen,
>   Gedrängt die ersten Männer unsrer Zeit.[...]
>   Und dann eröffneten die Schranken sich.
>   Da stampften Pferde, glänzten Helm und Schilde,
>   Da drängten sich die Knappen, da erklang
>   Trompetenschall und Lanzen krachten splitternd,
>   Getroffen tönten Helm und Schilde, Staub,
>   Auf einen Augenblick, umhüllte wirbelnd
>   Des Siegers Ehre, des Besiegten Schmach. (V. 813–822; 831–837)

Diese Schilderung aus Tassos Mund hat selbst die Qualität epischer Dichtung und erinnert auf den ersten Blick an so manche Kampfszene aus dem Jerusalemepos. In der gattungspoetischen Diskussion der Goethezeit[144] wird für das Epos, wie schon in den Renaissancepoetiken, ein heroischer Stoff aus der Geschichte gefordert. Ebenso gelten die antiken Autoren Homer und Vergil als unangefochtene Autoritäten. Der epische Dichter soll sich allerdings eines dem Stoff angemessenen, objektiv-distanzierten

---

143 Vgl. Caretti, *Ariosto e Tasso*, S. 105.
144 Vgl. die Schrift *Über epische und dramatische Dichtung*, die Goethe mit Schiller zusammen verfasst hat. FA, Bd. 18, S. 445–447.

Erzählstils bedienen.[145] Dies kann nun Goethes Tasso nicht erfüllen, seine Auffassung vom Heldischen ist vor allem subjektiv konnotiert. Wie die obige Textpassage deutlich macht, schildert er das Ritterturnier am Hof von Ferrara aus der Warte persönlichen Erlebens. Ähnlich wie Parzival, als er zum ersten Mal geharnischte Ritter sieht, ist Tasso von dem glanzvollen Ereignis überwältigt. Diese hohe Auffassung des Höfischen („der Götter Saal" V. 1558) ist für ihn bis zum Gespräch mit Antonio bestimmend. Er träumt sich in eine phantasierte Welt individueller Vorstellung, mit der er, ähnlich wie am Beispiel Arkadien, die Idee höheren Menschentums verbindet. Aus dem subjektiven Überschuss erwächst der Gedanke eines utopischen Reichs, in dem Dichter und Held idealen Umgang pflegen. Erst das starke subjektive Moment kann das Utopische verzeitlichen und als Ersehntes antizipatorisch ins Bewusstsein treten lassen. Es ist bezeichnend, wie häufig Goethe im Zusammenhang mit Tasso das Wort „Traum" gebraucht. Aus den Textstellen ergibt sich eine Semantisierung des Traums als Bereich des Dichterischen, aber auch des ausschließlich Subjektiven, Unzugänglichen, Nichtkommunizierbaren, sogar Pathologischen.[146] „Traum" steht antithetisch zur bestehenden Gesellschaft und

---

145 Nach Genettes Erzähltheorie wäre das der Typ des extradiegetischen unfokalisierten Erzählmodus. Vgl. Gérard Genette, *Die Erzählung*, Paderborn 2010.

146 (Prinzessin:) „Du hast den Dichter fein und zart geschildert / Der in den Reichen süßer Träume schwebt." (V. 173–174); (Alfons:) „Stört ihn, wenn er denkt und dichtet, / In seinen Träumen nicht, und laßt ihn wandeln." (V. 376–378); (Tasso:) „Erhöre meine Bitte; nimm ihn [sc. den Lorbeer] weg! / Daß wie aus einem schönen Traum erwacht / Ich ein erquicktes neues Leben fühle." (V. 518–520); (Leonore:) „Erwach! Erwache! [sc. aus deinem Traum] (V. 558); (Tasso:) „Ich will dir gern gestehn, es hat der Mann, / Der unerwartet zu uns trat, nicht sanft / Aus einem schönen Traum mich aufgeweckt;" (V. 760–762); (Tasso:) „Wie köstlich wird der heiße Wunsch belohnt! / Ich träumte mich dem höchsten Glücke nah, / Und dieses Glück ist über alle Träume." (V. 1135–1137); (Leonore:) „Belohnten wir das schöne Herz nicht billig, / Das ganz sich selbst vergißt, und hingegeben / Im holden Traum für seine Freunde lebt?" (V. 2101–2103); (Tasso:) „Bist du aus einem Traum erwacht, und hat / Der schöne Trug auf einmal dich verlassen?" (V. 2189–2190); (Antonio:) „Es ist gewiß, ein ungemäßigt Leben, / Wie es uns schwere, wilde Träume gibt, / Macht uns zuletzt am hellen Tage träumen. / Was ist sein Argwohn anders als ein Traum?" (V. 2918–2921).

zur außerkünstlerischen Wirklichkeit. Insofern unterscheidet sich der Wortgebrauch im Tasso-Drama deutlich vom romantischen Verständnis des Traums und ist eher an die allegorische Deutung des Begriffs in der Barockzeit anschließbar. Tassos Monolog am Beginn des vierten Aufzugs erinnert in der Tat an Calderóns *La vida es sueño*:

> Bist du aus einem Traum erwacht und hat
> Der schöne Trug auf einmal dich verlassen?
> Hat dich nach einem Tag der höchsten Lust
> Ein Schlaf gebändigt, hält und ängstet nun
> Mit schweren Fesseln deine Seele? Ja,
> Du wachst und träumst[147]. Wo sind die Stunden hin,
> Die um dein Haupt mit Blumenkränzen spielten? (V. 2189–2195)

Das Glück, das der Traum verheißt, verwandelt sich in „schönen Trug". Erwachen kommt unter dieser Voraussetzung einer Desillusionserfahrung (*desengaño*) gleich. Wenn man die Sinnfigur aus der Barockästhetik Goethes Drama unterlegt, macht Tasso einen Erkenntnis- und Läuterungsprozess durch, freilich nicht in religiösem Sinn. Hierin liegt die Differenz zu Calderón, dessen katholische Weltsicht Goethe entschieden zurückweist.[148] Zu fragen wäre auch, ob Tasso in der Folge zu einem veränderten Bewusstsein seiner selbst und seines Dichtens gelangt, was erst die Analyse der Schlussszene erweisen wird. Hier ist vorerst festzuhalten, dass der Begriff „Traum" die subjektivistische Vereinzelung Tassos unterstreicht, was sich nicht nur in seiner Beziehung zur Prinzessin, sondern auch in seinem

---

147 In einer atmosphärisch dem *Tasso* nahe stehenden Stelle des *Wilhelm Meister* sagt Wilhelm über den Dichter: „Wenn der Weltmensch in einer abzehrenden Melancholie über großen Verlust seine Tage hinschleicht, oder in ausgelassener Freude seinem Schicksale entgegen geht, so schreitet die empfängliche leichtbewegliche Seele des Dichters, wie die wandelnde Sonne, von Nacht zu Tag fort, und mit leisen Übergängen stimmt seine Harfe zu Freude und Leid.[...] und wenn die andern wachend träumen, und von ungeheuren Vorstellungen aus allen ihren Sinnen geängstigt werden, so lebt er den Traum des Lebens als ein Wachender, und das seltenste, was geschieht, ist ihm zugleich Vergangenheit und Zukunft." (FA, Bd. 9, S. 435). Bezeichnenderweise wird auch hier Dichtung als visionäre, die Zeit aufhebende Totalerfahrung des Lebens geschildert. Allerdings ist es Wilhelm gleichfalls bestimmt, ein *desengaño*-Erlebnis durchmachen.

148 Vgl. *Die Tochter der Luft*, FA, Bd. 21, S. 270–273. Goethe bezeichnet Calderóns Weltanschauung als „düsterem Wahn" (ebd., S. 271f.).

Verhältnis zum Hof zeigt. In dieser Hinsicht unterscheidet sich Goethes Figur vom historischen Dichter deutlich. Die Subjektivierung der Erlebniswelt, die zweifellos in der Renaissance ihren Anfang nimmt, beschränkt sich beim historischen Tasso auf jene durch die Gattungstypologie sanktionierten Bereiche, wo subjektive Aussage möglich ist, insbesondere in den Episoden der Romanzo-Handlung im Kontext der Liebesaventüren. Die stärker individualisierten Gestalten des Epos, vor allem Tancredi und Clorinda, hinterlassen daher schon auf den jungen Goethe den allergrößten Eindruck.[149] Die Möglichkeiten individualisierender Darstellung sind aber in der frühen Neuzeit eingeschränkt, da die Episteme der Zeit kein autonomes Subjektsverständnis kennt und die Poetiken den Dichtern die *imitatio* der klassischen Literatur zur Pflicht machen. In biographischer Hinsicht kommt als Ort möglicher Selbstaussage lediglich der Brief[150] in Betracht, der in der Renaissance nach antikem Vorbild als literarische Gattung eingestuft wurde und dementsprechend als literarisiertes Zeugnis subjektiver Erfahrung gelten kann.[151] Wenn also in der historischen Gestalt die Spannung zwischen (vor)moderner Subjektivität und objektiver Weltordnung lediglich angelegt war, wird sie in Goethes Drama zum bestimmenden Strukturmoment. Sein Tasso deutet die Welt weitgehend subjektiv. Hier ist allerdings zwischen Goethes Perspektive und jener seiner Figur zu unterscheiden. Goethe hatte sich schon während des ersten Weimarer Jahrzehnts, entschieden aber dann im Kontext des Italienerlebnisses, von der ichbezogenen Vorstellung der Sturm- und Drangzeit gelöst und nach klassisch verbindlichen Ausdrucksformen gesucht. So ist auch die

---

149 Ein deutliches Echo der Tasso-Lektüre ist die Gestalt der Nathalie aus dem Meister-Roman. Sie erscheint Wilhelm nach dem misslichen Erlebnis des Raubüberfalls als eine der Clorinda ähnliche Amazonengestalt. Wie Tancredi ist er umgehend von der holden Erscheinung hingerissen (vgl. FA, Bd. 9, S. 589ff.).

150 Allenfalls ist auch die Gattung der „Vita" zu nennen. Cellinis Lebensbeschreibung wurde bekanntlich von Goethe übersetzt.

151 Tassos Lyrik, die wie generell der lyrische Ausdruck der Zeit jedoch nicht als Erlebnislyrik verstanden werden kann, kommt bis zu einem gewissen Grad in Betracht – man denke etwa an die berühmte (allerdings unvollendete) Kanzone „Al Metauro"; unter Umständen Formen von Gelegenheitsdichtung, manchmal die „niedere Gattung" des Burlesken, in der aber Tasso wenig hinterlassen hat.

Verssprache[152] des Tasso-Dramas – der seit Lessing heimische Blankvers wird durch Goethe und Schiller zum klassischen deutschen Dramenvers – Ausdruck jener neuen dichterischen Orientierung. Dies heißt aber nicht, dass die philosophischen und ästhetischen Probleme der früheren Schaffensphase abgetan wären. Die in der Sturm- und Drangzeit vordringliche Frage nach der Bestimmung des Subjektiven, wie nach dem Verhältnis von Individuum und Welt, bleibt die ganze Schaffenszeit Goethes hindurch maßgeblich und wird von ihm immer wieder neu gestellt.

Subjektivität war in der Renaissance nicht als „Für-sich-Sein" gemeint, sondern hatte stets einen kosmologisch-ontologischen Bezug, der Mensch wurde immer als in die metaphysische Seinsordnung eingebettet begriffen. Diese Grundvorstellung ist auch für Goethe unverzichtbar, allerdings hatte sie entscheidende Veränderungen durchgemacht. Die Seinsordnung, so wie Goethe sie versteht, ist nicht mehr theologisch-transzendent fundiert, sondern diesseitig-immanent. Das allumfassende Prinzip, das die Einheit der Welt verbürgt, ist nicht mehr Gott, sondern die Natur.[153] Diese Vorstellung war Goethe von Herder näher gebracht worden und geht letztlich auf Spinoza zurück. Auch die Philosophie der Renaissance hatte bereits versucht, Natur nach einem einheitlichen Prinzip zu erklären, bleibt aber in ihren Denkanstrengungen spekulativ. Goethe hingegen bemüht sich um einen empirischen Nachweis des Einheitsprinzips, daher seine intensive

---

152   Sprache und Vers untersucht insbesondere die ältere Studie: Johannes Mantey, *Der Sprachstil in Goethes „Torquato Tasso"*, Berlin 1959. Der Autor analysiert detailliert den strengen formalen Bau des Versdramas. Nicht ganz nachvollziehen lässt sich allerdings seine Feststellung, Goethe strebe nach einer den „romanischen Formen verwandte[n] metrische[n] Gestaltung." (ebd., S. 173). Mantey will sogar im Tasso-Text die „Form des Sonetts" erkennen (S. 172). In Wahrheit besteht das Stück lediglich aus Blankversen. Interessant ist das Resümee der immer noch lesenswerten Abhandlung. Mantey folgert aus dem Vergleich des *Tasso* mit der *Iphigenie*: „Während in der „Iphigenie" die großen und einfachen Gefühle das seelische Bild beherrschen, ist im „Tasso" alles auf die komplizierte Problematik verwickelter psychologischer Konflikte gestellt, die mit geschärfter Bewußtheit erlebt und der zergliedernden Reflexion unterworfen werden." (ebd., S. 183).

153   Vgl. dazu: Dorothea Kuhn, „Versuche über Modelle der Natur in der Goethezeit", in: *Genio huius loci*. Dank an Leiva Petersen, hrsg. von Dorothea Kuhn und Bernhard Zeller, Wien, Köln, Graz 1982, S. 267–290.

Auseinandersetzung mit naturwissenschaftlichen Problemen im Bereich der Mineralogie, der Pflanzenkunde, der vergleichenden Anatomie, der Optik. Das 18. Jahrhundert verfügte in diesen Disziplinen bereits über ansehnliches Wissen, das über empirisch-klassifikatorische Methoden gewonnen worden war. Auch Goethe bediente sich dieser Methoden, etwa in seinen vergleichenden Anatomiestudien, die ihn zur bahnbrechenden Erkenntnis des Zwischenkieferknochens beim Menschen führten; sein Naturverständnis ist allerdings nicht materialistisch-mechanistisch, wie dasjenige Hobbes' oder Holbachs, sondern wesentlich organistisch-dynamisch: Für Goethe stellt sich die Natur als schöpferisch-organisches Ganzes dar. Er lehnt daher die im 18. Jahrhundert weit verbreitete Maschinenmetapher im Zusammenhang mit Organismen strikt ab.[154] Ebenso sieht er die Mathematisierung der Naturwissenschaften, wie sie sich seit Galilei und Newton vollzog, mit Skepsis. Er steht darin der Vorstellung der Renaissance eindeutig näher als der wissenschaftlichen Moderne. Der Gedanke von der Einheit der Natur sichert, vielleicht zum letzten Mal in der europäischen Geistesgeschichte, auch dem Menschen einen spezifischen Ort im Weltganzen. Genau diese Zugehörigkeit zur natürlichen Ordnung erweist die Entdeckung des Zwischenkieferknochens aus Goethes Sicht. Viele Paradigmen, die Goethe aus der Naturbetrachtung gewinnt, überträgt er auf geistesgeschichtliche Zusammenhänge, so den Gedanken von der „Einheit in der Vielheit" (man erinnere sich an Tassos „discorde concordia") und vor allem die Begriffe von „Polarität" und „Steigerung". Goethe sieht diese Prinzipien in der Dynamik der Naturprozesse am Werk, überträgt sie aber auch in sein ästhetisches Denken. Auf dieser Linie wird deutlich, dass Tasso als „gesteigerter" Werther konzipiert ist. Die charakterliche Anlage Werthers erfährt in Tasso gewissermaßen eine komplexere Weiterentwicklung, ebenso wie die Formen der Natur sich im Evolutionsprozess zu komplexeren Arten ausdifferenzieren und weiterentwickeln. Auch die Antithetik ist zentrales Konstruktionsprinzip des Dramas, und das nicht nur im Hinblick auf die Personen zueinander (etwa Tasso und Antonio), sondern auch innerhalb einer einzigen Gestalt (etwa der Prinzessin, deren Charakterprofil sich erst aus widerstreitenden Tendenzen ergibt).

---

154 Dorothea Kuhn, a.a.O., S. 275.

Insofern Goethe die Natur als Organismus begreift, kommt ihr auch ein kreativ- gestaltendes Moment zu. Sie ist nichts Statisches, sondern ewig tätiges Werden, wie es das Bild des „Webstuhls der Zeit" im Faust verdeutlicht.[155] Aus diesem Zusammenhang ergibt sich die Vorstellung des Dichters als eines schöpferisch Tätigen und bildend Schaffenden. Diese höhere Gabe der Natur weiß sich auch Tasso zugeeignet, es ist jenes Talent, „das [ihm] vor vielen die gütige Natur verlieh." (V. 2315f.), wie es die Gräfin Eleonore formuliert. Im Namen dieses Talents als Grund seiner Existenz fordert Goethes Tasso Freiheit, die, wie erwähnt, nicht politisch gemeint ist: „Frei will ich sein im Denken und im Dichten, / Im Handeln schränkt die Welt genug uns ein." (V. 2305f.). Die Idee von der Autonomie der Kunst, die ja für die Weimarer Klassik grundlegend ist, hat aber zwei Seiten. Sie bedeutet einerseits die Forderung nach „Freiheit im Denken und im Dichten", weist also die repräsentative Funktion der Kunst am Hof und deren Indienstnahme durch ideologische und politische Interessen zurück; andererseits impliziert aber ein solches Kunstverständnis auch die Loslösung von der Lebenswirklichkeit. Goethes Tasso befindet sich in einem unauflösbaren Dilemma, da er zwar Autonomie einfordert, die damit einhergehende Depotenzierung des Wirklichkeitsanspruchs der Kunst aber nicht zugestehen will. Im Übrigen meint Tassos Wirklichkeitsbegriff von Beginn an sowohl Gesellschaft als auch Natur.[156] In sein Dichtungsverständnis fließt Goethes Naturphilosophie ganz wesentlich mit ein:

> (Leonore:) Sein [Tassos] Auge weilt auf dieser Erde kaum;
> Sein Ohr vernimmt den Einklang der Natur;
> Was die Geschichte reicht, das Leben gibt,
> Sein Busen nimmt es gleich und willig auf:
> Das weit zerstreute sammelt sein Gemüt,
> Und sein Gefühl belebt das Unbelebte.

---

155 S. Dorothea Kuhn, S. 274. Vgl. die Worte des Erdgeistes in *Faust I*: „So schaff' ich am sausenden Webstuhl der Zeit / Und wirke der Gottheit lebendiges Kleid." (V. 508f.).

156 Im Gespräch mit der Prinzessin (V. 1007ff.) verteidigt er gegen die willkürliche höfische Ordnung einen naturrechtlichen Zustand ursprünglicher Humanität im Sinne Rousseaus, wodurch er schließlich trotz seiner apolitischen Haltung doch in die Nähe zeitaktueller Diskussionen im Umfeld der Französischen Revolution gerät. Vgl. hierzu: Dieter Borchmeyer, *Höfische Gesellschaft und französische Revolution. Adliges und bürgerliches Wertsystem im Urteil der Weimarer Klassik*, Kronberg/Ts. 1977, S. 67.

Oft adelt er was uns gemein erschien,
Und das Geschätzte wird vor ihm zu nichts.
In diesem eignen Zauberkreise wandelt
Der wunderbare Mann und zieht uns an. (V. 159–169)

Tassos Ästhetik wurzelt in einer sinnlich-intuitiven Ganzerfahrung der Welt. Auch Geschichte ist ihm, ähnlich wie Herder dies verstand, Teil des natürlichen Seinszusammenhangs. Diese „epische" Grundhaltung, Dichtung als Spiegel eines Weltganzen zu verstehen, konnte auch am historischen Tasso nachgewiesen werden. An der Goetheschen Konzeption neu ist allerdings, dass das Weltganze ins Überzeitliche gehoben und zugleich aus dem subjektiven Erleben hervorgehend gedacht wird, also „Ergebnis und Ausdruck einer prinzipiell unabschließbaren, im Brennpunkt des Individuums konzentrierten Totalanschauung der Welt" wird,[157] eine Vorstellung, die im Kontext des rinascimentalen Mimesisbegriffs nicht vorstellbar ist. Es darf allerdings auch nicht übersehen werden, dass diese (in gewisser Weise romantisches Denken vorwegnehmende) Ästhetik im Drama buchstäblich Schiffbruch erleidet, also nicht affirmativ veranschaulicht wird.[158] Der Gedanke, Dichtung zu einer Totalerfahrung der Welt zu machen, hat noch eine weitere Implikation: Tasso erhebt damit zugleich, nicht weniger absolut, Anspruch auf die Fülle des Lebens selbst. Kunst und Leben sollen eine Einheit bilden. Aus dieser Perspektive wird die Autonomieforderung der Kunst wieder relativiert. Auf die oben zitierte Auslassung der Gräfin kontert die Prinzessin, die damit zugleich ihren eigenen Konflikt ausspricht: „Allein mir scheint auch ihn das Wirkliche / Gewaltsam anzuziehn und fest zu halten." (V. 175f.) Im vierten Aufzug klagt Tasso der Gräfin gegenüber,

---

157   Gerhard Kaiser, S. 187.
158   In dieser Hinsicht ist bedenkenswert, was Benno von Wiese zu Goethes Tasso geschrieben hat: „[Tasso] zeigt das Dichtertum als tragisches Leiden an der Welt und an sich selbst, aus einem Zuviel an einfühlender Phantasie und einem Zuwenig an irdischem Verstand entsprungen. Denn die transzendierende Phantasie lebt in einer flutenden, formlosen Bewegung, die über das Hier und Jetzt hinweggreift; sie kennt nur das Vergangene oder das Künftige und verliert mit dem Traum des Unendlichen das Dauernde und Bleibende des Augenblicks. Es will uns scheinen, als ob Goethe mit dem »Tasso« die romantische Gefahr der eigenen Seele gebannt hat." (Benno von Wiese, „Goethe: Torquato Tasso", in: *Deutsche Dramen von Gryphius bis Brecht*, Frankfurt/M., Hamburg 1965, S. 72).

dass der Herzog ihn nie in die Regierungsgeschäfte mit einbezieht: „O Leonore, welch Vertraun ist das? / Hat er von seinem Staate je ein Wort, / Ein ernstes Wort mit mir gesprochen?" (V. 2366–2368).[159] Tassos Realitätsinteresse erstreckt sich so gesehen auch auf den politischen Bereich. Allerdings ist seine Wahrnehmung hier nicht weniger einseitig. Als Antonio von seiner diplomatischen Mission aus Rom zurückkehrt, macht sein Bericht auf Tasso einen tiefgehenden Eindruck. Er nimmt am Gespräch rein äußerlich zwar kaum teil, die folgenden Szenen belegen aber, wie stark Antonios Rombericht ihn innerlich erschüttert. Am Beginn des zweiten Aufzugs bekennt er der Prinzessin, vom Gehörten ganz verstört: „Gedanken ohne Maß / Und Unordnung regen sich in meiner Seele. (V. 750f.)" Antonios Bericht bildet den Auftakt für den dramatischen Konflikt, der sich zwischen Dichter und Staatssekretär entspinnen wird. Zum ersten Mal fühlt sich Tasso „doppelt" (V. 765); ein Ausdruck, den Goethe gebraucht, um seine Zerrissenheit zu charakterisieren. Sie äußert sich in Realitätsverkennung, Tasso deutet das Gespräch zwischen Antonio und dem Herzog lediglich aus einer ästhetischen Warte. Rom ist ihm geistiges Zentrum der Welt, poetisch-zeitloser Mythos. Er sieht es als gesteigertes Ferrara. Aus der Werkperspektive seines Epos repräsentiert die „ewige Stadt" die Einheit von Antike und Christentum, jene Synthese, die der historische Dichter als künstlerisches Hauptanliegen verfolgt hatte. Sicher ist in das Drama auch Goethes eigene Romerfahrung eingegangen, die ja den Höhepunkt seiner Italienreise bezeichnet. Im Gespräch zwischen Antonio und dem Herzog geht es aber in Wahrheit um Realpolitik, was der Dichter völlig missversteht. Antithetisch zu Tassos idealisierter Sicht fällt das Bild, das Goethe an dieser Stelle von Rom zeichnet, ausgesprochen unsympathisch aus.[160] Freilich ist hier vom päpstlichen Rom, dem Vatikan, die Rede. Der Herzog charakterisiert den päpstlichen Hof folgendermaßen: „Wer seines Herren Vorteil rein bedenkt, / Der hat in Rom gar einen schweren Stand: / Denn

---

159   Goethe ist hierbei der Überlieferung treu. Auch der historische Tasso lebte am Ferraresischen Hof ohne politisches Amt. Man hat seine Stellung als die eines „intellettuale disorganico" bezeichnet. Vgl. Giovanni da Pozzo, „L'intellettuale disorganico", in: L'ambigua armonia, S. 72–75.

160   In dieser Hinsicht ist Gabriele Girschner zuzustimmen. Das politische Rom steht im Drama für berechnendes Machtkalkül, Nepotismus, päpstlicher Willkür und machiavellistischen Zweckpragmatismus. (Girschner, S. 14–22).

Rom will Alles nehmen, geben Nichts; / Und kommt man hin um etwas zu erhalten, / Erhält man nichts, man bringe denn was hin." (V. 592–596). Sogar an Roms Aufrichtigkeit zweifelt er: „Ich freue seiner [des Papstes] guten Meinung mich, / Sofern sie redlich ist." (V. 609f.). Rein äußerlich betrachtet, war Antonios diplomatische Mission offenbar erfolgreich; der ironische Ton, den Goethe der Figurenrede beilegt, enthüllt allerdings die machiavellistische Selbstherrlichkeit päpstlicher Politik: „(Antonio:) Er [der Papst] sieht das Kleine klein, das Große groß. / Damit er einer Welt gebiete, gibt / Er seinen Nachbarn gern und freundlich nach. / Das Streifchen Land, das er dir überläßt, / Weiß er, wie deine Freundschaft, wohl zu schätzen." (V. 616–620). Und noch deutlicher: „Es liegt die Welt so klar vor seinem Blick / Als wie der Vorteil seines eignen Staats." (V. 634f.) Hier klingt bereits Mephistos zynisch-witziger Ton an; und selbst die diplomatischen „Leistungen" Antonios erscheinen in diesem Licht fragwürdig, zumindest relativiert. Tasso nimmt die inhaltliche Seite des Romgesprächs überhaupt nicht wahr; seinem ästhetischen Interesse entsprechend fragt er nach der Stellung von Kunst und Wissenschaft am päpstlichen Hof. Antonios Antwort fällt erwartungsgemäß aus und hätte Tasso die Augen öffnen müssen: „Er [der Papst] ehrt die Wissenschaft, sofern sie nutzt, / Den Staat regieren, Völker kennen lehrt; / Er schätzt die Kunst, sofern sie ziert, sein Rom / Verherrlicht, und Palast und Tempel / Zu Wunderwerken dieser Erde macht. / In seiner Nähe darf nichts müßig sein; / Was gelten soll, muß wirken und muß dienen." (V. 665–671). Antonios Replik enthält eine doppelte Spitze gegen Tasso: sie weist der Kunst eine ausschließlich dienende Funktion im feudalen Staat zu – der Sinn der Literatur liegt demnach in der Darstellung und Verherrlichung fürstlicher Macht;[161] überdies wirft er aber Tasso, dessen Rolle am Hof (wie bereits im Fall der historischen

---

161 Dieses Konzept ist um vieles rückschrittlicher als jenes der aufgeklärten Höfe, wie es Goethe am Beispiel Ferraras (aus biographischer Sicht freilich Weimars) entworfen hat. Adlige Mäzene betrachteten sich in der Goethezeit des Öfteren als Förderer der Künste und kaum mehr als absolutistische Fürsten; erinnert sei etwa auch an den Prinzen von Augustenburg, mit dem Schiller in Kontakt stand. Vgl. hierzu: Christa Bürger, „Der bürgerliche Schriftsteller im höfischen Mäzenat. Literatursoziologische Bemerkungen zu Goethes »Tasso«.", in: *Deutsche Literatur zur Zeit der Klassik*, hrsg. von Karl Otto Conrady, Stuttgart 1977, S. 141–153, bes. S. 145.

Gestalt) in ihrer Funktion unbestimmt ist, indirekt auch Müßiggang vor.[162] Hierin wird allerdings ein grundlegender Widerspruch in Antonios eigenem Dichtungsverständnis deutlich – und auch diesbezüglich liefert die historische Dimension wichtige Verständnishilfen: das Bemühen des Renaissancedichters zielte darauf, die Literatur stärker an die Wirklichkeit zu binden und dem Epos in Gestalt des *verisimile* eine geschichtliche Bedeutung[163] zu erschließen, die Literatur demnach über ihren „Realitätsgehalt" zu legitimieren. Der Handlungsraum der *Liberata* ist so gesehen, anders als im *Furioso*, nicht eine vage Phantasiewelt, sondern der geographisch-historische Raum der frühen Neuzeit, wie er sich durch die Entdeckungen in der Neuen Welt konstituiert hatte. Auch die Kriegshandlungen, vor allem die Schilderung der Belagerung Jerusalems, schöpfen aus der frühneuzeitlichen Erfahrung.[164] Ariosts *Rasender Roland* führt demgegenüber in eine fiktionale Welt ohne expliziten Anspruch auf Wirklichkeitsdarstellung und Glaubwürdigkeit; im Gegenteil: die Bruchstellen, die sich zwischen Stoff und Diegese immer wieder ergeben, sind willkommener Anlass für ironische Erzählerkommentare, ähnlich wie später in Cervantes' *Don Quijote*. Wenn Antonio am Schluss des ersten Aufzugs Ariost so deutlich über Tasso stellt, plädiert er demnach für eine Dichtung, die auf Realitätsdarstellung zu Gunsten des *delectare* verzichtet und innerhalb der höfischen Gesellschaft lediglich Unterhaltungswert haben kann, also eine Dichtung für Mußestunden. Antonio erwartet von der Literatur Zerstreuung, Verzauberung, wohl auch Entlastung vom höfischen Korsett:

> (Antonio:) So hüllt er [Ariost] alles was den Menschen nur
> Ehrwürdig, liebenswürdig machen kann,
> In's blühende Gewand der Fabel ein.

---

162 Antonio wird diesen Vorwurf dann der Gräfin gegenüber explizit erheben (vgl. V. 2002).

163 Die Gräfin hatte auf die geschichtliche Dimension in Tassos Kunst eigens hingewiesen: „Was die Geschichte reicht, das Leben gibt, / Sein Busen nimmt es gleich und willig auf." (V. 161f.)

164 In Goethes Drama streicht Tasso dementsprechend heraus, dass er die sachlichen Grundlagen seiner Dichtung erst am Hof gelernt habe: „Der tatenlose Jüngling – nahm er wohl / Die Dichtung aus sich selbst? Die kluge Leitung des raschen Krieges – hat er sie ersonnen? / Die Kunst der Waffen [...] Des Feldherrn Klugheit und der Ritter Muth." (V. 428–433)

Zufriedenheit, Erfahrung und Verstand
Und Geisteskraft, Geschmack und reiner Sinn
Für's wahre Gute, geistig scheinen sie
In seinen Liedern und persönlich doch
Wie unter Blüten-Bäumen auszuruhn,
Bedeckt vom Schnee der leicht getragnen Blüten,
Umkränzt von Rosen, wunderlich umgaukelt
Vom losen Zauberspiel der Amoretten. [...]
Die Weisheit läßt von einer goldnen Wolke
Von Zeit zu Zeit erhabne Sprüche tönen
Indes auf wohlgestimmter Laute wild
Der Wahnsinn hin und her zu wühlen scheint
Und doch im schönsten Takt sich mäßig hält. (V. 713–723; 729–732)

Dass diese anakreontisch-galante Sicht Ariost unangemessen ist, wird bereits aus der forcierten Sprache deutlich, die offenbar selbst poetisch sein will, in Wahrheit aber Sprachkitsch ist.[165] Die Rede vom „Wahnsinn, der auf wohl gestimmter Laute hin und her zu wühlen scheint",[166] ist unsinnig. Die Funktionalisierung Ariosts zum höfisch-galanten Rokokopoeten hat in der Forschung nicht geringe Verwirrung gestiftet.[167] Goethe treibt hier ein subtiles perspektivisches Spiel, wodurch in erster Linie Antonios

---

165 Am klarsten hat Vaget gesehen, dass Antonios Kunstauffassung dilettantisch und rückwärtsgewandt ist. (Vaget, S. 247). Zum ausgesprochen schwierigen Problem des Dilettantismus bei Goethe vgl. seine Skizze „Über den Dilettantismus", in: FA, Bd. 18, S. 739–786. Siehe auch den einschlägigen Artikel im *Goethe Handbuch* Bd. 4/1, S. 212–214.

166 Das ist eine Anspielung auf Rolands Raserei (siehe Werktitel) und nicht auf den platonischen *furor poeticus*, wie Neumann behauptet. (Neumann, S 117).

167 Die Stellung, die Ariost im Stück einnimmt, wurde bisher nicht angemessen gewürdigt. Man hat die Sicht Antonios oft unkritisch genommen und die Personenperspektive auf den historischen Befund rückprojiziert. Die Perspektivierung, die Goethe über die Figurenkonzeption vornimmt, ist von der wirklichen Funktion Ariosts im Schauspiel zu unterscheiden. In der Forschung wurde Ariost (entsprechend Antonios Sicht) zumeist als erfindungsreicher und gefälliger Hofdichter missverstanden. Auch in der Gattungszuordnung kommt es zu Fehleinschätzungen (vgl. Hinderer, S. 242f.); der *Orlando furioso* gehört nicht in das pastorale Genre, sondern ist bekanntlich ein Ritterroman in Stanzenform. Bereits die Titelfigur verweist ja deutlich auf die *matière de France*. Eine Kurzcharakteristik des Ariost'schen Werks findet sich in Grawe, S. 26–29 (ursprünglich in „Kindlers Literaturlexikon").

mangelnder Kunstverstand aufgedeckt wird.[168] Denn während er einerseits, wie in seiner Eloge der päpstlichen Politik, die Kunst durch ihren Nützlichkeitswert legitimiert sieht, redet er hier einer zweckfreien, lediglich der aristokratischen Unterhaltung dienenden Ästhetik das Wort. Tassos an der Wirklichkeit orientierte Dichtungsauffassung, deren Anspruch das *delectare* mit dem *docere* verbinden möchte, kann Antonio gar nicht würdigen. („Lippenspiel" eines „Müßiggängers" V. 1372 und 2002). Die Prinzessin hingegen sieht Tassos Bemühen um eine Dichtung, die Wirklichkeit repräsentiert, ganz klar: „Er will nicht Märchen über Märchen häufen, / Die reizend unterhalten und zuletzt / Wie lose Worte nur verklingend täuschen." (V. 276–278).

Aber auch Antonio ist von Goethe vielschichtig und komplex angelegt. Er nimmt an Tasso mehr wahr, als er zunächst sagt. Im Gespräch mit der Gräfin (III,4) verrät der Staatssekretär die Beweggründe für seine distanzierte Haltung Tasso gegenüber – er beneidet ihn um seinen dichterischen Ruhm und seine hohe Gunst bei den Frauen –, lässt aber zugleich

---

168 Goethe äußert sich in der *Italienischen Reise* missmutig darüber, dass die beiden Dichter im Italien des 18. Jahrhunderts nicht voraussetzungslos gewürdigt werden, sondern nach Maßgabe parteilicher Vorentscheidungen beurteilt werden. Goethe hat die gleichrangige Bedeutung Ariosts und Tassos vorbehaltlos anerkannt. („Gott und der Natur sei zu danken, daß sie zwei solche vorzügliche Männer einer Nation gegönnt, deren jeder uns, nach Zeit und Umständen, nach Lagen und Empfindungen, die herrlichsten Augenblicke verliehen, uns beruhigt und entzückt." [FA, Bd. 15/1, S. 407]). Allerdings verfügt die Goethezeit noch nicht über klar umrissene historische Epochenbegriffe, sodass der epistemologische Bruch zwischen Renaissance und Spätrenaissance noch nicht explizit erfasst werden konnte. Dass Goethe jene Differenz intuitiv wahrgenommen hat und an seiner Tasso-Gestalt aufzeigt, belegt das Drama zur Genüge. Erhellend scheint mir Goethes Hinweis, dass es ihm gerade in Italien schwergefallen ist, am *Tasso* zu arbeiten. („Hätte ich nicht besser getan, […] neue Gegenstände, an denen ich frischeren Anteil nehme, mit frischem Mut und Kräften zu unternehmen? Tät' ich nicht besser Iphigenia auf Delphi zu schreiben, als mich mit den Grillen des Tasso herumzuschlagen?" [ebd., S. 182]). Das Italienerlebnis stand im Zeichen eines klassisch-harmonischen Kunstgeschmacks und einer optimistischen Renaissanceerfahrung–die problematische und dunkle Seite der späteren Renaissance kam dementsprechend nicht in den Blick; Caravaggio etwa erwähnt Goethe mit keinem Wort.

durchblicken, dass er im Grunde Tassos Befindlichkeit versteht, obwohl er sie als Ausdruck eines kranken Gemüts deutet:

> (Antonio:) [...] Bald / Versinkt er in sich selbst als wäre ganz
> Die Welt in seinem Busen, er sich ganz
> In seiner Welt genug, und alles rings
> Umher verschwindet ihm. Er läßt es gehen,
> Läßt's fallen, stößt's hinweg und ruht in sich –
> Auf einmal, wie ein unbemerkter Funke
> Die Mine zündet, sei es Freude, Leid,
> Zorn oder Grille, heftig bricht er aus:
> Dann will er Alles fassen, Alles halten,
> Dann soll geschehen, was er sich denken mag;
> In einem Augenblicke soll entstehn
> Was Jahrelang bereitet werden sollte,
> In einem Augenblick gehoben sein.
> Was Mühe kaum in Jahren lösen könnte.
> Er fordert das Unmögliche von sich,
> Damit er es von andern fordern dürfe.
> Die letzten Enden aller Dinge will
> Sein Geist zusammen fassen; das gelingt
> Kaum Einem unter Millionen Menschen,
> Und er ist nicht der Mann: er fällt zuletzt,
> Um nichts gebessert, in sich selbst zurück. (V. 2118–2139)

Eine erstaunlich scharfsinnige Diagnose! Ein solches Einfühlungsvermögen in die labile Psyche seines Gegenspielers verrät mehr erfahrungspsychologisches Wissen als von einem Hofbeamten erwartet werden kann (und erweist bereits ein großes Ausmaß an bürgerlich-moderner Sensibilität); auch mehr Einsicht als die Figur in Anbetracht der Dramenhandlung und der Figurenkonzeption wissen kann.[169] Goethe lässt seelische Innenräume sich über die Figurenkonstellation wechselweise spiegeln. In einem Punkt hat Antonio allerdings nicht recht, und hier folgt Goethe sehr präzise der historischen Vorgabe. Tasso ist kein Dichter der raschen Inspiration. Er verwendet unendliche Mühe auf sein Werk; schließlich ist die letztendliche Nichtvollendung, sprich: Nichtvollendbarkeit der Dichtung eines der

---

169 Den einzigen Hinweis auf eine mögliche Vorgeschichte in der Beziehung zwischen Antonio und Tasso gibt Antonio im Gespräch mit der Gräfin selbst, indem er sagt: „Ich kenn ihn lang', er ist so leicht zu kennen."(V. 2117). Welcher Art diese Beziehung bisher war, bleibt aber im Dunkeln.

Hauptmotive des Dramas.[170] Der Herzog kommt auf diese Schwierigkeit zu sprechen: „Er [Tasso] kann nicht enden, kann nicht fertig werden." (V. 265). Tasso selbst gegen Ende des Stücks: „[A]ch, schon fühl' ich / Mir wird zu keinem Unternehmen Glück! / Verändern werd' ich es, vollenden nie." (V. 3130–3132). Diese grundlegende Problematik führt noch einmal auf Tassos Dichtungsverständnis zurück.

2.3 Das „große Ganze der Natur" und die klassisch-geschlossene Kunstform

Die inspirative Voraussetzung der Dichtung besteht nach Tasso in einer Totalerfahrung der Welt. Das Werk, das der Künstler hervorbringt, ist gleichsam von der lebendigen, ewigschöpfenden Natur abgezogen. Das künstlerische Genie wird dabei zum Mitschöpfer, dessen Potenz das Weltganze wie in einem Mikrokosmos nachbildet. Dieses Dichtungsverständnis, das sich in wesentlichen Punkten mit den Vorstellungen der Renaissance berührt, formuliert Goethe zusammen mit Karl Philipp Moritz in Rom. Stärker als die Renaissance-Episteme, die primär spekulativ verfasst ist, betonen Goethe und Moritz den produktiv-dynamischen Aspekt der

---

170 Helmut Merkl verkennt diese Dimension in seiner Studie, indem er Tassos Schwierigkeit, sein Werk zu vollenden, auf mangelnde Erfahrungstiefe und übergroße Rücksichtnahme auf Publikumswirkung zurückführt, anstatt auf innerästhetische Probleme. Das Goethezitat aus den *Maximen und Reflexionen*, das Merkl anführt („Die Dilettanten, wenn sie das mögliche getan haben, pflegen zu ihrer Entschuldigung zu sagen, die Arbeit sei noch nicht fertig. […] Der Meister stellt sein Werk mit wenigen Strichen als fertig dar; ausgeführt oder nicht, schon ist es vollendet.") ist in dieser Hinsicht irreführend. Michelangelo, eines der größten – von Goethe hoch bewunderten – Genies, konnte bekanntlich mit seinen Werken praktisch nie zu Ende kommen und hinterließ vieles als Fragment. Merkls Unkenntnis des historischen Tasso führt ihn überdies zu groben Fehleinschätzungen, obwohl seine Grundthese, dass Tasso die „Beschränkungen des Sittlichen durch eine Ästhetisierung der Lebensverhältnisse […] aufheben" wolle, zwar auch einseitig, aber durchaus diskutierenswert erscheint. Helmut Merkl, „Spiel zum Abschied. Betrachtungen zur Kunst des Leidens in Goethes *Torquato Tasso*.", in: Euphorion. Zeitschrift für Literaturgeschichte, 82. Bd., 1988, S. 1–24, bes. S. 9–11.

Kunstproduktion. Der eher statische Begriff dichterischer Mimesis wird zur Poiesis,[171] verstanden als ein freier und allumfassender Kreationsakt reiner künstlerischer Tatkraft. In Karl Philipp Moritz' Schrift: *Über die bildende Nachahmung des Schönen* liest sich das folgendermaßen:

Jedes schöne Ganze aus der Hand des bildenden Künstlers[172] ist daher im Kleinen ein Abdruck des höchsten Schönen im großen Ganzen der Natur, welche das noch *mittelbar* durch die bildende Hand des Künstlers nacherschafft, was unmittelbar nicht in ihren großen Plan gehörte. [...] Der Horizont der tätigen Kraft aber muß bei dem bildenden Genie *so weit wie die Natur selber sein.*[173]

Bezeichnenderweise folgern aber Goethe und Moritz aus dieser weitgefassten Dichtungsvorstellung nicht etwa eine offene Werkform, wie die romantische Ästhetik, die von ähnlichen Gedanken ausgeht, sondern ein einmaliges und in sich geschlossenes, organisches Kunstwerk, in dem sich gewissermaßen die Totalität der Welt wie in einem Brennpunkt spiegelt:

Alle die in der tätigen Kraft bloß dunkel geahndeten Verhältnisse jenes großen Ganzen müssen notwendig auf irgendeine Weise entweder sichtbar, hörbar oder doch der Einbildungskraft faßbar werden: und um dies zu werden, muß die Tatkraft, worin sie schlummern, sie *nach sich selber, aus sich selber bilden.* – Sie muß alle jenen Verhältnisse des großen Ganzen, und in ihnen das höchste Schöne, wie an den Spitzen seiner Strahlen in einen Brennpunkt fassen. – Aus diesem Brennpunkte muß sich, nach des Auges gemessener Weite, ein zartes und doch getreues Bild des höchsten Schönen ründen, das die vollkommensten Verhältnisse des großen Ganzen der Natur ebenso wahr und richtig wie sie selbst in seinen kleinen Umfang faßt."[174]

Das Unendliche in einer begrenzten Form zu fassen, die den klassischen Vorstellungen eines organischen Werkganzen genügt, ist somit die zentrale künstlerische Herausforderung, der sich Tasso gegenüber sieht. Im

---

171 Vgl. hierzu: Erhard Bahr, „Von Mimesis zu Poiesis. Die Evolution des modernen Dichters in Goethes *Tasso*. Zur Interpretation der Schlußszene.", in: *Sinn und Symbol. Festschrift für Joseph P. Strelka zum 60. Geburtstag*, hrsg. von Karl Konrad Polhein, Bern, Frankfurt, [u.a.], 1987, S. 87–94.

172 Moritz spricht in seiner Schrift vom bildenden Künstler, seine ästhetischen Vorstellungen können aber genauso gut auf den Dichter gemünzt werden.

173 Karl Philipp Moritz, Werke in zwei Bänden, Berlin, Weimar 1981, Bd. 1, S. 257–259 passim.

174 Ebd., S. 260.

Stück ist es wieder die Prinzessin, die (in nahezu wörtlicher Anlehnung an Moritzens Diktion) die gestalterische Problematik von Tassos Ästhetik ausspricht: „Ich lobe die Bescheidenheit, die Sorge / Womit er Schritt vor Schritt zum Ziele geht. / Nur durch die Gunst der Musen schließen sich / So viele Reime fest in eins zusammen; / Und seine Seele hegt nur diesen Trieb / Es soll sich sein Gedicht zum Ganzen ründen." (V. 270–275). Hier klingt freilich auch die Schwierigkeit des historischen Tasso durch, seinem Gedicht eine einheitliche Gestalt zu verleihen und das Problem „Einheit" versus „Vielheit" zu bewältigen.

In Goethes Denken spielt aber noch ein weiterer Aspekt eine Rolle, der sich in der Ästhetik des *Tasso* niederschlägt: Steigerung. Goethe sieht in der Natur das immanente Prinzip organischer Entwicklung zu immer höheren Formen und immer größerer Perfektion, es ist die Vorstellung eines andauernden prozesshaften Werdens.[175] Auf die Dichtung übertragen, muss dieses Prinzip allerdings die klassische Formeinheit sprengen, da ja jedes bestehende Werk aus dieser Perspektive lediglich die Antizipation (Goethe würde vielleicht sagen: der „Abglanz") erst noch herzustellender Vollkommenheit sein kann. Im gegenwärtigen Moment kann das Werk daher nur als unvollendet betrachtet werden. Deshalb zögert Tasso, den Lorbeerkranz anzunehmen, der ja Sinnbild ewigen Dichterruhms ist:

> Ich bin nicht wert die Kühlung zu empfinden,
> Die nur um Heldenstirnen wehen soll.
> O hebt ihn auf, ihr Götter, und verklärt
> Ihn zwischen Wolken, daß er hoch und höher
> Und unerreichbar schwebe! daß mein Leben
> Nach diesem Ziel ein ewig Wandlen sei! (V. 497–502)

Es wird aber auch deutlich, dass eine derartige Ästhetik aufgrund ihrer inneren Widersprüche ein aporetisches Moment enthält. Nur eine offene Werkform kann ihr einigermaßen entsprechen. Dementsprechend lässt sich die das Tasso-Drama bestimmende Spannung zwischen formaler Anlage und inhaltlicher Thematik verstehen: das Schauspiel ist im Wesentlichen der künstlerische Versuch, eine Ästhetik, die auf Repräsentation der Totalität von Wirklichkeit angelegt ist, in eine klar begrenzten Form zu fassen.

---

175 Siehe den Artikel „Natur" von Alfred Schmidt in: *Goethe Handbuch*, Bd. 4/2, S. 755–776.

Die im Stück thematisierten Polaritäten finden indes keine harmonische Lösung, sondern bilden eine dialektisch-offene Struktur. Die oben zitierte Äußerung der Prinzessin fasst nicht nur Tassos Kunst in einen klaren Begriff, sie deutet in gewisser Weise auch sein mögliches Scheitern an: Indem sich sein Dichten fortgesetzt im Spannungsfeld zwischen persönlicher Mühsal („Sorge") und natürlicher Inspiration („Musen") zu bewähren hat, ist es auch andauernde Fährnis. Aus dieser Perspektive erhellt, dass Tassos Tragödie nicht nur aus seiner biographischen Anlage, sondern auch aus seinen dichtungsimmanenten Vorstellungen erklärbar ist. Die Prinzessin ist die einzige Gestalt, die diese Dimension wahrnimmt.

Es ist nun noch einmal auf den Vergleich der Epochen zurückzukommen. Der wesentliche Unterschied in der diskursiven Formation der Goethezeit im Verhältnis zur Renaissance liegt im autonomen Menschenbild. Im 18. Jahrhundert kollabiert die christlich-metaphysische Seinsordnung; von nun an ist es dem Menschen selbst aufgegeben, seine Welt zu entwerfen, zu deuten und zu gestalten. Die Welt wird immanent und aus sich heraus bestehend begriffen und bedarf keiner göttlichen Rechtfertigung mehr. Es obliegt dem Individuum, sich ein höheres Dasein im Geistigen zu erschließen, dessen höchste Stufe das Künstlertum darstellt: „Die Menschengattung aber muß sich heben, weil sie den Endzweck ihres Daseins nicht mehr außer sich, sondern in sich hat und also auch durch die Entwicklung aller in ihr schlummernder Kräfte bis zur Empfindung und Hervorbringung des Schönen *sich in sich selber vollenden muß.*"[176] Diese Gedanken fanden sich vor allem im Platonismus der Renaissance vorgebildet, allerdings noch nicht losgelöst vom theologisch-metaphysischen Denkhorizont des Mittelalters. In der Spätrenaissance rückt die Theologie im Zuge des Tridentinums sogar wieder stärker in den Mittelpunkt, sodass es zu einer Restauration des Religiösen und zu einer partiellen Rücknahme humanistischer Errungenschaften im späteren 16. Jahrhundert kommt. Das Ringen um die Einheit seines Werkes steht beim historischen Tasso zwar im Zusammenhang mit der aristotelischen Poetik, vielmehr aber noch unter dem Primat eingeforderter katholischer Orthodoxie. In diese Richtung gehen auch die in der Geschichte der Literatur einzig dastehenden Umarbeitungen

---

176   Karl Philipp Moritz, S. 272.

des Jerusalemepos. Goethes Haltung zum Katholizismus ist bekannt. Dennoch konnte er diesen wichtigen Aspekt in seinem Drama nicht ganz ausblenden, zumal ja die künstlerische Tragödie des historischen Dichters an dieser Problematik festzumachen ist. Was bei Goethe allein Ringen um ästhetische Vollkommenheit ist, war im Fall des Spätrenaissancedichters bis ins Skrupulöse gesteigerte Sorge um Rechtgläubigkeit. In Goethes Tasso-Drama ist dieser Komplex sehr diskret in die Romthematik eingearbeitet. Wenn Tasso nach seinem Bruch mit Ferrara nicht nach Florenz gehen möchte, wie es die Gräfin bei sich geplant hatte, sondern nach Rom, bedeutet dies auch, dass er beabsichtigt, sich und sein Werk der kirchlichen Zensur zu unterstellen. Rom repräsentiert ja die Kulturpolitik der Gegenreformation. Ein Kollegium aus Gelehrten und Humanisten, unter ihnen erzkonservative Kleriker,[177] sollten sein Epos prüfen. Goethe folgt den historischen Ereignissen, deutet aber den für Tasso verhängnisvollen Ausgang des Unternehmens lediglich an. Dass Tasso in Rom nicht mehr über die Freiheit verfügen wird, die er in Ferrara hatte und seine Kunst sich der weitgehenden Autonomie begibt, folgt nicht nur aus der historischen Wirklichkeit, sondern liegt auch in der impliziten Anlage des Stücks. Der Ferrareser Hof sieht Tassos Romreise begründetermaßen mit Skepsis. Er

---

177 Goethe führt die Korrektoren namentlich auf (V. 2654–2658). Die bedeutendste Persönlichkeit ist zweifellos Sperone Speroni, Humanist und Sprachphilosoph, der mit seinem Werk *Dialogo delle lingue* die Diskussion um die italienische Nationalsprache maßgeblich beeinflusste. Der Traktat widmet sich auch grundlegenden sprachphilosophischen Fragestellungen, wobei Speroni selbst eher einer nominalistischen Position zuneigt. Als Schüler Pomponazzis ist er Aristoteliker und folgt auch in ästhetischen Fragen der Poetik des Stagiriten. Scipione Gonzaga, hoher geistlicher Würdenträger in Rom, Studienfreund Tassos und ihm gewogen, stammt aus der einflussreichen mantuanischen Herzogsfamilie. Er unterhält in Rom einen Lesezirkel, dem auch die anderen Zensoren angehören: Pier Angelio da Barga, Flaminio de' Nobili und Silvio Antoniano. Der letztere lehrte als Theologieprofessor am Collegium Romanum und war Mitglied der römischen Inquisition. Die Einwände der Revisoren bezogen sich sowohl auf formalästhetische Fragen, wie die strukturelle Einheit des Poems, als auch auf moralisch „anstößige" Passagen, etwa in der Schilderung der Liebesaventüren. Vgl. hierzu: Grawe, *Erläuterungen und Dokumente*, S. 42f. sowie: Claudio Gigante, „La revisione della *Liberata*: Le *Lettere poetiche* e l'*Allegoria*", in: ders., *Tasso*, Roma 2007, S. 148–168.

selbst steht, wie die Analyse des Gesprächs Antonio und Herzog gezeigt hat, erneut ganz im Banne einer idealisierenden Wahrnehmung: „Ich habe viel getan und keine Mühe / Und keinen Fleiß gespart [im Hinblick auf die Vollendung des Epos], allein es bleibt / Zuviel mir noch zurück. Ich möchte dort / Wo noch der Geist der großen Männer schwebt / Und wirksam schwebt, dort möcht' ich in die Schule / Aufs neue mich begeben." (V. 3019–3024). Das warnende Wort des Herzogs hingegen:

> [...] hüte dich
> Durch strengen Fleiß die liebliche Natur
> zu kränken, die in deinen Reimen lebt,
> Und höre nicht auf Rat von allen Seiten!
> Die tausendfältigen Gedanken vieler
> Verschiedner Menschen, die im Leben sich
> Und in der Meinung widersprechen, faßt
> Der Dichter klug in Eins, und scheut sich nicht
> Gar manchem zu mißfallen daß er manchem
> Um desto mehr gefallen möge. (V. 3031–3040).

Seine subjektivistische Einseitigkeit lässt Tasso auch hier die objektiven Verhältnisse verkennen. In diesem Zusammenhang rückt die Spiegelvision am klaren Brunnen vom Ende der dritten Szene des ersten Aufzugs wieder in den Blick. Es war zu Beginn des Kapitels deutlich geworden, dass Tassos Sicht eine starke narzisstische Komponente aufweist. Seine Welt ist trotz gedanklicher Weite und ästhetischer Durchdringung auch die eines in sich Gefangenen. Zwei weitere Bildsymbole können auf diesen Bedeutungskomplex bezogen werden: einerseits die Metapher der Perle, die „verborgen / In stillen Schalen eingeschlossen ruht." (V. 886f.), andererseits das Gleichnis von der Seidenraupe, in dem die Vorstellung des in seinem Ich gefangenen Dichters ausgedrückt ist:

> Ich halte diesen Drang vergebens auf,
> Der Tag und Nacht in meinem Busen wechselt.
> Wenn ich nicht sinnen oder dichten soll,
> So ist das Leben mir kein Leben mehr.
> Verbiete du dem Seidenwurm zu spinnen,
> Wenn er sich schon dem Tode näher spinnt.
> Das köstliche Geweb entwickelt er
> Aus seinem Innersten, und läßt nicht ab
> Bis er in seinen Sarg sich eingeschlossen." (V. 3079–3087).

Hierin wird bereits die dialektische Problematik moderner Subjektivität deutlich: die mit der Renaissance einsetzende Aufwertung des Individuellen droht an einem gewissen Punkt in subjektivistische Vereinzelung und den Verlust objektiven Weltbezugs umzuschlagen. Goethes Denken kreist, ebenso wie das der Romantiker und der Philosophen des deutschen Idealismus, um die widersprüchliche Natur des Subjektiven, ohne zu einer verbindlichen Lösung zu gelangen. Wohl aber hat er versucht, Ich und Welt in einer gewissen Balance zu halten und überzogenem Subjektivismus, nicht zuletzt durch seine umfassenden Naturstudien, entgegenzuwirken. Dass der *Tasso* diesbezüglich auch vieles von seiner eigenen künstlerischen und innerseelischen Problemwelt verrät, hat er selbst einbekannt.[178]

---

178 Goethe spricht einmal davon, dass er in seinem »Tasso« des „Herzblutes vielleicht mehr, als billig ist, transfundirt" habe (zitiert nach: Grawe, S. 103). Ähnlich äußert er sich auch in der *Italienischen Reise* (FA, Bd. 15/1, S. 182).

3. Zerrissenheit als epochale Befindlichkeit

3.1 Krise und Identitätsdiffusion

Die aus dramaturgischer, aber auch aus psychologischer Sicht zentrale Szene ist das Gespräch Tasso-Antonio im zweiten Aufzug. Ihr kommt quasi eine katalysatorische Funktion im Hinblick auf Ausbruch und Verlauf der Krise zu, die Tasso durchläuft. Zwar konnte oben gezeigt werden, dass auch Antonio (wie die Prinzessin) kein einheitliches Charakterprofil aufweist, sondern selbst ihn widersprüchliche und zu seinem beherrschten Auftreten gegenläufige Regungen bestimmen;[179] im Gespräch mit Tasso verkörpert er jedoch eindeutig die nüchterne und pragmatische Seite des Hofmanns. Tasso hingegen begegnet ihm, ohne Rücksicht auf höfische Zurückhaltung, überschwänglich und trägt ihm augenblicklich seine Freundschaft an. Er nimmt Antonio lediglich aus der eigenen Perspektive wahr und setzt seine Vorstellung von idealer Ritterwelt und edlem Menschentum implizit bei dem älteren voraus. An gesellschaftliche Normen fühlt er

---

179 Dies berücksichtigt m.E. Dieter Borchmeyer in seiner Studie zu wenig. Die antagonistischen Tendenzen, die das Stück insgesamt charakterisieren, sind zuallererst an der Hauptgestalt nachweisbar, treten aber auch innerhalb der beiden anderen zentralen Figuren (Antonio und Prinzessin) ans Licht. Borchmeyer führt die Ambivalenz, die an Tasso sichtbar wird, darauf zurück, dass sich im Drama gewissermaßen „zwei Zeitalter überschneiden", das höfisch-aristokratische und das bürgerlich-individualistische. Dieser Auffassung ist zuzustimmen; unter jener epochalen Differenz leiden aber auch die Prinzessin und Antonio, wenn auch in unterschiedlicher Ausprägung. Wenn die Prinzessin sagt: „Eines war, / Was in der Einsamkeit mich schön ergetzte, / Die Freude des Gesangs; ich unterhielt / Mich mit mir selbst, ich wiegte Schmerz und Sehnsucht / Und jeden Wunsch mit leisen Tönen ein." (V. 1806–1810), so offenbart dies viel eher eine bürgerlich-subjektivistische Empfindungshaltung als eine höfisch-repräsentative. Vgl. Dieter Borchmeyer, *Höfische Gesellschaft und französische Revolution bei Goethe. Adliges und bürgerliches Wertsystem im Urteil der Weimarer Klassik*, Kronberg/Ts. 1977, bes. S. 70.

sich Antonio gegenüber nicht gebunden, hat er ihm doch gleich zu Beginn „Herz und Hand" (V. 1200) geboten. Antonio reagiert brüskiert und hält umso entschiedener an den Umgangsformen des höfischen Verhaltens fest, zumal da die strikte Wahrung des Dekorums für den Hofmann ja Wesen und Fortbestand der Gesellschaft sichert. Die Unmäßigkeit und das Ungestüm in Tassos Auftritt disqualifizieren ihn in den Augen Antonios daher von Beginn an. Im Übrigen ist der junge Dichter für den erfahrenen Diplomaten kein ebenbürtiger Gesprächspartner. Sein Ansinnen, mit ihm eine Geistes- und Seelenfreundschaft anzubahnen, weist Antonio kühl zurück.[180] Tasso empfindet Antonios Reaktion als tiefe Kränkung, wirft ihm Neid und Missgunst vor und kontert mit der Überlegenheit seines Dichtertums:

> (Tasso:) [...] Verschwende nicht
> Die Pfeile deiner Augen deiner Zunge!
> Du richtest sie vergebens nach dem Kranze,
> Dem unverwelklichen, auf meinem Haupt.
> Sei erst so groß, mir ihn nicht zu beneiden!
> Dann darfst du mir vielleicht ihn streitig machen.
> Ich acht' ihn heilig und das höchste Gut:
> Doch zeige mir den Mann der das erreicht,
> Wornach ich strebe, zeige mir den Helden
> Von dem mir die Geschichten nur erzählten;
> Den Dichter stell mir vor der sich Homeren,
> Virgilen sich vergleichen darf. (V. 1320–1330)

---

180 Eine prägnante Skizze des Aristokraten und Hofmanns findet sich in *Wilhelm Meisters Lehrjahren*. Wilhelm schildert ihn in einem Brief an Werner folgendermaßen: „Indem es dem Edelmann, der mit den Vornehmsten umgeht, zur Pflicht wird, sich selbst einen vornehmen Anstand zu geben, [...] so hat er Ursache, etwas auf sie [seine Persönlichkeit] zu halten, und zu zeigen, daß er etwas auf sie hält. [...] Er ist eine öffentliche Person, und je ausgebildeter seine Bewegungen, je sonorer seine Stimme, je gehaltner und gemeßner sein ganzes Wesen ist, desto vollkommener ist er, und wenn er gegen hohe und niedre, gegen Freunde und Verwandte immer eben derselbe bleibt, so ist nichts an ihm auszusetzen, man darf ihn nicht anders wünschen. Er sei kalt, aber verständig; verstellt, aber klug. Wenn er sich äußerlich in jedem Moment seines Lebens zu beherrschen weiß, so hat niemand eine weitere Forderung an ihn zu machen." Vom Bürger hingegen heißt es: „Ein Bürger kann sich Verdienst erwerben und zur höchsten Not seinen Geist ausbilden; seine Persönlichkeit geht aber verloren." *Wilhelm Meisters Lehrjahre,* FA, Bd. 9, S. 657f.

Für Antonio ist dies lediglich belangloses „Lippenspiel" (V. 1372); er kann Tassos dichterische Leistung nicht anerkennen, hält den Lorbeer, der für Tasso die höchste Stufe des Künstlertums versinnbildlicht, für leicht errungen. Aus der Empfindung tiefster Demütigung, des Dichters und des Menschen, vergisst sich Tasso und zieht den Degen. Durch diese Handlung macht er sich aus höfischer Sicht nun auch dem Fürsten gegenüber schuldig, da jedwede Anwendung von Waffengewalt bei Hofe strikt untersagt ist.[181] Antonio hatte Tasso vor der Überschreitung dieser Grenze gewarnt: „Es ziemt der hohe Ton, die rasche Glut / Nicht dir zu mir, noch dir an diesem Orte." (V. 1344f.)

Soweit der äußere Verlauf der Ereignisse. Für die innere Entwicklung der Tasso-Gestalt hat dieses Gespräch eine kaum zu überschätzende Bedeutung. Seine leidenschaftliche Annäherung an Antonio entspringt letztlich dem tieferen Wunsch seines Wesens, sich der Wirklichkeit zu versichern. Antonio steht ja im Drama primär für den gewandten, welterfahrenen Mann der Tat. Er hat als Diplomat und Botschafter des Herzogtums Zugang zur großen Welt (Rom). Insofern Tassos Interesse, wie sich auch in seiner Dichtung bekundet, auf diese höhere Wirklichkeit gerichtet ist, musste er die Nähe Antonios suchen, weil er Hof und Welt quasi repräsentiert. Die Begegnung wird aber für Tasso zur größten Enttäuschung. Seine Vorstellung des Hofes als ritterlicher Idealwelt, in der Held und Dichter zusammenwirken, zerbricht in dieser Szene. Der Hof verliert die Aura freier Geistigkeit und wird zum Ort bedrückender Zwänge: „Und ist die Wahrheit wohl von hier verbannt? / Ist im Palast der freie Geist gekerkert? / Hat hier ein edler Mensch nur Druck zu dulden?" (V. 1347–1349). Anfänglich schwankt Tasso in seiner Einschätzung und versucht, am Ideal

---

181 Dieter Borchmeyer hat klar gesehen, dass Antonio in dieser Szene eher an das französische Modell des *honnête homme* erinnert, als an Gestalten der italienischen Renaissancehöfe. (Dieter Borchmeyer [1977], S. 79.) Dies trifft wohl auf das Bild des Hofes insgesamt zu, wenn dieser im Tasso-Drama auch deutlich weniger absolutistisch geprägt ist. Der französische Adel war seit Richelieu und vor allem unter Ludwig XIV. zum reinen Hofadel ohne jede politische Macht geworden. Das unter dem Kardinal erlassene strenge Duellverbot stellte ein deutliches Zeichen dieses Machtverlusts dar. Ein Grund für den Skandal, den Corneilles *Le Cid* auslöste, lag gerade in der Missachtung des Duellverbots.

festzuhalten: „Mich dünkt hier ist die Hoheit erst an ihrem Platz. / Der Seele Hoheit! Darf sie sich der Nähe / Der Großen dieser Erde nicht erfreun? / Sie darf's und soll's." (V. 1350–1353). Im Begriff „Seelenhoheit" scheint die Einheit von höfischer Welt und individuellem Mythos gewahrt, im Grunde subvertiert Tasso damit aber schon die höfische Ordnung, die den universellen Gedanken der Humanität nicht kennt;[182] der Humanitätsgedanke entstammt vielmehr der Vorstellungswelt der bürgerlichen Aufklärung des 18. Jahrhunderts, wenn er auch im Renaissancehumanismus seine Wurzeln hat. Als Vertreter einer bürgerlichen Wertewelt, der Goethes Tasso zweifellos auch ist, stand er von Anfang an außerhalb der höfischen Ordnung. Zugleich fühlt er sich aber als Mensch und Dichter an den Hof gebunden.

Beachtenswert ist in diesem Zusammenhang, dass das Drama am Begriff des Hofes unterschiedliche historische Ausprägungsformen dieser Gesellschaftsformation thematisiert. Der Hof bedeutet nämlich für Tasso zunächst die altfeudale Adelsgesellschaft des Rittertums, wie sie die mittelalterliche Epik besungen hatte. Demgegenüber befanden sich die Renaissancehöfe als frühabsolutistische Stadtstaaten, die die Idee des Rittertums lediglich als Kulturgut tradierten, schon in einer großen historischen Distanz. Das Modell des Renaissancehofes ist das des humanistisch gebildeten Höflings, der sich diplomatisch zu betragen versteht und dementsprechend über verfeinerte Umgangs- und Ausdrucksformen verfügt. Die Welt des christlichen Rittertums mittelalterlicher Prägung spielte *realiter* keine Rolle mehr und wurde erst in der Gegenreformation aus ideologischen Gründen reaktualisiert. In diesem Spannungsfeld bewegt sich der historische Tasso. Goethe übernimmt davon die strukturelle Grundproblematik der Differenz zwischen Ideal und Wirklichkeit. Das altaristokratische Ideal („Held und Dichter") fungiert dabei als individueller Mythos der Tasso-Gestalt.

Im 17. Jahrhundert vollzog sich, vor allem in Frankreich, ein tiefgreifender Wandel der Adelsgesellschaft im Zeichen des höfischen Absolutismus. Die alteingesessene Aristokratie („Schwertadel") verlor zunehmend ihre politische Macht und wurde zum Hofadel, der im Staat keine Funktionen

---

182   Vgl. Dieter Borchmeyer (1977), S. 70.

mehr bekleidete, sich aber nach streng kodifizierten Regeln und standesgemäßen Vorgaben zu richten hatte. Im Frankreich des Sonnenkönigs fand dieses Gesellschaftsmodell seine deutlichste Ausprägung, es blieb aber auch für die deutschen Höfe nicht ohne Folgen und hinterließ in Goethes Drama seine Spuren.[183] Tassos Konzept vom Heldendichtertum bildet demgegenüber eine deutliche, aus zeitaktueller höfischer Sicht: anachronistische Antithese. Aus der Perspektive Tassos hingegen verkörpert es die Summe seines dichterischen Denkens, das auf Repräsentation des Weltganzen abzielt und aus der Freiheit des schöpferischen Genies die Heldenthematik der Kreuzzugszeit in eine autonome Fiktion eigener Gestalt umformt. Das Jerusalemepos präsentiert sich demnach als etwas einzigartig Neues und Zukunftsweisendes. Und mehr noch: das Werk fordert von der Gesellschaft nicht nur Anerkennung, sondern auch Geltung in der Wirklichkeit, das heißt: es erhebt dieser Gesellschaft gegenüber quasi einen Erfüllungsanspruch. Diese zutiefst bürgerlich-utopische Sicht musste die höfische Gesellschaft herausfordern. Antonio weist Tassos Anspruch aus seinem Verständnis der höfischen Welt entschieden zurück. Er erkennt intuitiv die Gefahr, die von Tassos Denken für die bestehende Ordnung ausgeht. Insofern ist der Dichter, auch wenn er konkret-politisches Handeln verurteilt,[184] ideell doch ein Kind seiner Zeit, nämlich der revolutionären Umgestaltung der Gesellschaft in bürgerlichem Sinn. Tassos Dilemma besteht darin, dass er sein Ideal nur in einer höfischen Lebensform denken kann. Goethe folgt hier der Problematik des historischen Tasso sehr genau, allerdings mit der Einschränkung, dass es am Schluss des Stücks offen bleibt, ob der Dichter eine andere Lebensform wählen wird. Im 16. Jahrhundert gab es diese

---

183   Dieter Borchmeyer, der hier Norbert Elias folgt, weist allerdings darauf hin, dass im Gegensatz zu Frankreich der deutsche, vor allem preußische Adel sehr wohl politische Funktionen im Staat übernahm und so gesehen nicht zum untätigen Hofadel herabsank. (Vgl. Borchmeyer, [1977], S. 121ff.) In der Tat ist Antonio politisch tätig und verabscheut Müßiggang.

184   Man erinnere sich an Tassos: „Der Mensch ist nicht geboren frei zu sein, / Und für den Edeln ist kein schöner Glück, / Als einem Fürsten, den er ehrt, zu dienen" (V. 930–932). Die Betonung liegt auf „einem Fürsten, den er ehrt.", das heißt: einem Fürsten, der diese Ehre verdient. Tasso konnte das sagen, solange er noch an den idealen Wert des Fürstenhofes glaubte und sein Ideal in ihm verkörpert sah.

Möglichkeit schlichtweg nicht, war eine Künstlerexistenz außerhalb des höfischen Mäzenats nicht denkbar. So bemüht sich der historische Dichter, auch nach seiner Zeit in Ferrara, um die Gunst eines Hofes. Sein Leben gestaltet sich als Irrfahrt durch ganz Italien, bis er letztlich in Rom Zuflucht finden sollte, allerdings nicht am päpstlichen Hof, sondern in einem Kloster. Er bemüht sich auch immer wieder, nach Ferrara, von dem er sich innerlich nie lösen kann, zurückzukehren. Dieses ambivalent-gequälte Verhältnis zum Fürstenhof hat Goethe im Drama meisterhaft gestaltet. Noch am Schluss, da Tasso vor den Scherben seiner biographischen Existenz steht und der Hof für immer verloren scheint, lässt er ihn Worte schmerzlicher Erinnerung und trostloser Selbstanklage sprechen: „Wie schön es war was ich mir selbst verscherzte. / [...] O küßt' ich nur noch einmal seine [des Fürsten] Hand! / O daß ich nur noch Abschied nehmen könnte! / Nur einmal noch zu sagen: O verzeiht!" (V. 3384; 3390–3392)

Aus der Perspektive des späteren Goethe könnte man sagen, dass Tasso, wie viele seiner anderen literarischen Figuren, vor die Aufgabe der Entsagung gestellt ist, was im konkreten Fall bedeuten würde: entweder den Künstler dem Menschen zu opfern oder den Menschen dem Künstler. Tasso fällt dies deshalb so schwer, weil sein Lebensschicksal so bedingungslos an sein Künstlertum geknüpft ist und sich beide Bereiche illusionär durchdringen.[185] Die schwere Enttäuschung, die aus dem Gespräch mit Antonio erwächst, führt nach und nach zum Zusammenbruch seiner *bis dato* relevanten Selbst- und Weltvorstellungen. Goethes Kunst lässt das *desengaño* sich sukzessive, gleichsam im *crescendo*, entwickeln. Tasso verliert immer mehr an Boden und muss Zug um Zug eine Lebensdomäne nach der anderen preisgeben: seine höfische Existenz, die Protektion des Herzogs, sein Dichtungsideal, das die Grundlage seines Werks bildet, zuletzt die Liebe zur Prinzessin und schließlich sein eigenes Selbst.

---

185 Wilhelm Meister geht dagegen den Weg der Preisgabe seines Künstlertums. Tasso steht diesbezüglich Faust näher, der in vergleichbarer Weise entsagungsunfähig ist. Auch Faust beansprucht die ganze Fülle des Lebens und verstrickt sich demzufolge immer tiefer in Selbstbetrug und tragische Schuld. In der Szene *Großer Vorhof des Palastes*, Fausts Sterbeszene, offenbart sich dies erschütternd, als er die Geräusche der Totengräber, die sein Grab schaufeln, für die ersten baulichen Maßnahmen seines letzten, freilich imaginären Großprojekts, der Trockenlegung des Meeresarms, hält. (Vgl. *Faust* II, V. 11499ff.)

Das Verhängnis nimmt in der Antonio-Szene aus dem zweiten Aufzug seinen Anfang. Was in Tassos Verständnis eine Einheit bildete, beginnt nun zu zerfallen: zunächst seine lebensweltliche Bindung an den Hof. Er erkennt in Antonio die Seite kühl-distanzierten Vernunftkalküls und hatte bei ihm einen väterlichen Freund zu finden gehofft. Antonios Wirklichkeitssinn erweist sich als permanente Verkleinerung seines auf weltgeschichtliche Universalität gerichteten Strebens, aber auch als qualitative Depotenzierung des Hofes, der die Aura einer mythisch-ritterlichen Idealwelt einbüßt. Zweifellos hatte Tasso auch vorher schon die Differenz zwischen Ideal und Wirklichkeit empfunden; diese Differenz scheint ihm aber nicht unüberwindlich, da er aus einer Haltung antizipatorischer Erwartung lebt. Dadurch erfährt er die „unerlöste" Gegenwart in ihrer Wirkung gemindert und somit erträglich. Am Ende des Dramas wird nun deutlich, dass das Ideal Ferrara sinkt („Und ist die Wahrheit wohl von hier verbannt? / Ist im Palast der freie Geist gekerkert?"). Die Entzauberung des Hofes und die Erschütterung seiner Lebenswelt führen indes bei Tasso zu einer viel schwerwiegenderen Krise, zumal da der Hof nicht nur biographischer Bezugspunkt, sondern auch Sinnhorizont seines Epos ist. Die biographische Krise erweitert sich so zur Krise der Dichtung, wie Tasso sie versteht.[186] Die fortschreitende Ausdifferenzierung der Lebensbereiche sowie der Wissensdiskurse im Fortgang der Neuzeit lässt eine ganzheitliche Repräsentation durch das Kunstwerk kaum mehr zu; daraus ergibt sich eine schwer zu bewältigende Spannung zwischen subjektiver Erlebnisdarstellung und der Gestaltung objektiver Welt, wie am Beispiel der *Gerusalemme Liberata*

---

186 Dass die Vorstellung von Dichtung als Darstellung der Lebenstotalität in Goethes *Tasso* scheitert, geht aus dem Textbefund klar hervor. Diffiziler ist die Frage, ob Goethe das Scheitern dieses Anspruchs an die Gattung des Epos knüpft, in dem Sinne, dass das Epos in neuerer Zeit die Totalität des Lebensganzen nicht mehr abbilden könne und somit obsolet geworden sei, wie öfters in der Forschung behauptet wurde (so von Ryan und neuerdings von Michelsen in den zitierten Aufsätzen). Goethes Epos-Theorie unterscheidet sich aber eben dadurch von jener der Romantiker und auch Hegels, dass er die Darstellung des Weltganzen für das Epos nirgends fordert. Dennoch braucht die Argumentation von Ryan u.a. nicht als „spekulative und philologisch kaum haltbare Deutung" abgetan werden. (So Borchmeyer [1977], S. 376f., [Anm. 7]). Es sind nur Goethes Position und jene seiner literarischen Figur auseinander zu halten.

deutlich wurde. Auch die Heldenthematik verliert angesichts zunehmender Verbürgerlichung der Lebenswelt ihre Bedeutung. Die traditionelle Vorstellung Tassos vom Dichter als Helden zerbricht in dem Augenblick, da Tasso erkennt, dass sie in der Gegenwart nicht mehr aktualisierbar ist und auch keine ideelle Überhöhung der höfischen Gesellschaft mehr zu leisten imstande ist. Die formale Unabschließbarkeit des Werks hat so gesehen auch ihren Grund in der epochalen Inkompatibilität zwischen inhaltlicher Anlage und zeithistorischem Verstehenshorizont. Mit anderen Worten: Das Tasso'sche Epos erhebt einen Wirklichkeitsanspruch, den es aufgrund der veränderten geistesgeschichtlichen Rahmenbedingungen (schon in der Zeit der Spätrenaissance) nicht mehr einlösen kann. In Goethes Drama wird dies darin sinnfällig, dass Tasso den Lorbeer (als Symbol der Dichtung) und den Degen (als Symbol des Heldenideals) im Augenblick seiner Gefangensetzung dem Herzog übergibt. Wie Peter Michelsen zu Recht betont, symbolisiert diese Geste aber nicht nur die Verabschiedung des alten Dichtungsideals, sie bedeutet auch die „Loslösung des Individuums von den gesellschaftlichen Bezügen"[187], will sagen: die Trennung zwischen Kunst und Leben. Aus der Sicht der Weimarer Klassik könnte man diese Entwicklung, ins Positive gewendet, als Etablierung eines autonomen Dichtungsverständnisses deuten. Das Weimarer Modell stellt aber in gewisser Weise einen Sonderfall dar; die soziologischen Rahmenbedingungen, unter denen Dichter in jener Zeit arbeiteten, waren gewöhnlich viel ungünstiger als in dem sächsischen Kleinstaat Karl Augusts. Das Ende des adligen Mäzenatentums sowie das Fehlen eines quantitativ relevanten bürgerlichen Lesepublikums führten die Autoren ins gesellschaftliche Abseits, in Isolation und wirtschaftliche Not, wodurch sich die Kluft zwischen Dichtung und Leben erst recht vertiefte. In Tassos Schicksal ist insofern die Leiderfahrung eines Großteils der kommenden Dichtergeneration vorweggenommen, die am Widerspruch zwischen Kunst und (gesellschaftlicher) Wirklichkeit zu leiden hatte oder daran sogar zugrunde gegangen ist.

Die Auseinandersetzung mit Antonio führt zu Tassos Entfernung aus der Hofgesellschaft. Der Herzog erachtet diese zwar nur als vorübergehend, für Tasso stellt sie aber einen endgültigen Bruch dar. Er fühlt sich nunmehr als

---

187   Peter Michelsen, S. 79.

Gefangener.[188] Die Symptome seelischen Leidens, die bereits im Vorfeld des Arrests vorhanden waren, prägen sich nun zu einer komplexen Pathologie aus. Tasso empfindet sich nicht nur gefangen, sondern auch ausgestoßen und verfolgt. Dies ist insofern verständlich, als sein individueller Mythos auch den Realitätsbezug aufrecht erhalten und seine psychische Labilität gewissermaßen verdeckt hatte. Der Zusammenbruch des höfischen Ideals und dessen Repräsentation in der Dichtung mussten Tasso zwangsläufig auf sein eigenes Ich zurückwerfen. Er erleidet einen Wirklichkeitsverlust. Sparsam, aber durch kluge Platzierung wirkungsvoll, setzt Goethe in diesem Zusammenhang den Monolog ein. Der erste (II, 2) folgt unmittelbar auf das Gespräch mit der Prinzessin und steht noch ganz im Zeichen des Glücksgefühls, das Tasso aus der Liebe zur Fürstin empfindet. Noch gibt er sich der Hoffnung auf eine „unbekannte, lichte Zukunft" (V. 1188) hin. Im Sinne der antiken Tragödientheorie kann dieses Verhalten als *hamartia* („Verblendung") gedeutet werden. Die zentralen Selbstgespräche begegnen erst spät; Goethe charakterisiert die Hauptgestalt bis zum vierten Aufzug im Wesentlichen indirekt bzw. über die Wechselrede. Dadurch fällt der Konflikt zwischen Tasso und dem höfischen Milieu zunächst kaum auf. Der Dichter scheint in das gesellschaftliche Gefüge einbezogen, die Figuren agieren dialogisch. Erst als die Beziehung zur Gesellschaft problematisch wird und Tasso in einen Gegensatz zur Hofwelt gerät, beginnen als äußeres Zeichen zunehmender Vereinzelung die Selbstgespräche. Nicht legitim erscheint es allerdings, die Monologe von der visionären Rede Tassos vollständig abzugrenzen, wie dies Elizabeth M. Wilkinson tut.[189] Die unterschiedlichen Ausdrucksformen perspektivieren die Gestalt aus verschiedenen Blickwinkeln. Die visionäre Rede repräsentiert ebenso wie die Selbstgespräche die beiden Seiten seiner Persönlichkeit: die künstlerische und die pathologische.

---

188   Goethe mildert die Umstände von Tassos Gefangenschaft erheblich ab. Der historische Tasso musste sieben Jahre im Hospital zu Sankt Anna in Ferrara verbringen.

189   Wilkinson sieht in den Visionen Tassos den Vorgang des Dichtens selbst verbildlicht, während die Selbstgespräche lediglich die Handlung motivieren und auf die äußeren Geschehnisse bezogen bleiben. Diese Trennung ist nicht stimmig. Auch die Monologe enthalten poetische Aussagen, und die Visionen zeigen nicht nur Dichtung *in progress*, sondern auch lebensgeschichtlich bedeutende Inhalte.

3.2 „Tutto è nulla": Existenzmasken als Formen des Ich-Erhalts

Am aufschlussreichsten ist Tassos Monolog am Beginn des vierten Aufzugs. Im Bild des zerstörten Traums versucht der Dichter, Trauerarbeit im Angesicht des verlorenen, nunmehr als Trug empfundenen Glücks zu leisten. Tasso kann das Bild vergangener Hochstimmung – die Dichterkrönung und die Liebe zur Prinzessin beherrschen noch sein Denken – nur schwer loslassen. Seine Vorstellung schwankt, irrt quasi im Begriffsfeld von „Traum", „Trug", „Tag der höchsten Lust" (die Alliterationen setzen dabei die gegensätzlichen Bedeutungsinhalte in eine assoziative Beziehung), bis schließlich das metaphorisch gebrauchte „Schlaf" die Gedanken lähmt, der Seele aber dennoch keinen Frieden bringt:

> (Tasso:) Bist du aus einem Traum erwacht und hat
> Der schöne Trug auf einmal dich verlassen?
> Hat dich nach einem Tag der höchsten Lust
> Ein Schlaf gebändigt, hält und ängstet nun
> Mit schweren Fesseln deine Seele? (V. 2189–2193)

Die Nähe von „Traum" und „Schlaf", auf die hier verwiesen wird, erinnert noch einmal an Calderón.[190] Die enthüllende Einsicht in die Selbsttäuschung, wofür das Bild vom Erwachen aus dem „Traum der Illusion" steht, lässt sich aber auch an die analytische Technik der griechischen Dramenpoetik anschließen, nämlich den Begriff der *anagnorisis*. Damit ist die

---

190 Im Spanischen gibt es für die beiden Begriffe überhaupt nur ein Wort: *sueño*. Es spricht nichts gegen die Annahme, dass Goethe Calderón schon zur Zeit des Tasso-Dramas rezipiert hat. Der Anklang an Segismundos großen Monolog am Schluss der zweiten *jornada* von *La vida es sueño* und an das Barocktheater ist deutlich und dürfte kaum Zufall sein: „que el vivir sólo es soñar; / y la experiencia me enseña, / que el hombre que vive, sueña / lo que es, hasta despertar.[...] y en el mundo, en conclusión, / todos sueñan lo que son, / aunque ninguno lo entiende." (Pedro Calderón de la Barca, *La vida es sueño*, Edición de Ciriaco Morón, Madrid 1995, S. 164). Zur Calderón-Rezeption in Deutschland vgl. Henry W. Sullivan, *Calderón in the German lands and the Low Countries: his reception and influence, 1654–1980*, Cambridge [u.a.] 1983. Tassos Worte lassen auch an Hamlet denken: „To die, to sleep– / To sleep, perchance to dream...ay there's the rub."(William Shakespeare, *Hamlet*. Englisch/Deutsch, Stuttgart 1992, S. 160).

Einsicht in die schuldhafte Verkennung der Wirklichkeit gemeint.[191] Noch ist Tasso zerrissen zwischen dem „schönen Schein" und der harten Wirklichkeit, dem Zustand des „Wachens":

> (Tasso:) Du wachst und träumst. Wo sind die Stunden hin,
> Die um dein Haupt mit Blumenkränzen spielten?
> Die Tage wo dein Geist mit freier Sehnsucht
> Des Himmels ausgespanntes Blau durchdrang?
> Und dennoch lebst du noch und fühlst dich an,
> Du fühlst dich an und weißt nicht, ob du lebst. (V. 2194–2199)

Gerade die letzten beiden Verse enthüllen die tiefe Tragik, aber auch die Modernität der Gestalt. Tassos Lebenstraum erweist sich zwar als illusionär, die Preisgabe des Illusionären lässt aber eine noch größere Bedrohung aufscheinen, den Sturz ins Bodenlose, ins Nichts, in den Wahn. Zu leben und sich zu fühlen gelten als positive Zeichen der Selbst- und Weltwahrnehmung. Wenn ich aber meinen Körper wahrnehme, zugleich aber nicht weiß, dass ich es bin, der empfindet und diese Empfindung nicht mehr als zu mir gehörig erleben kann, ereignet sich eine Dissoziation von Ich und Körper, Subjekt und Welt. Die scheinbar schlichte rhetorische Figur der Anadiplosis („Und dennoch lebst du noch, und fühlst dich an, / Du fühlst dich an, und weißt nicht ob du lebst.") transportiert eine beunruhigende Botschaft: Tasso verliert zusehends an Ichkontrolle und Realitätsbezug. Dass gerade die Monologe diesen Zustand aufdecken, wirft ein erhellendes Licht auf Goethes Auffassung des Subjektiven. Das auf sich selbst zurückgeworfene Ich läuft stets Gefahr, sich zu verlieren und damit auch die Wirklichkeit zu verkennen. Hierin liegt, wie erwähnt, der Unterschied zur Romantik, die das Ich produktiv aufwertet und die Welt als dessen Setzung erklärt (Fichte). Ein derart hypertropher Ich-Begriff ist Goethe suspekt. Es sind im Drama daher auch einige Äußerungen des Herzogs und Antonios zu berücksichtigen, in denen Goethe Vorstellungen aussprechen lässt, die als Korrektiv zu Tassos einseitiger Ich-Bezogenheit intendiert sind. Eine Betrachtung ausschließlich aus der Perspektive des Protagonisten kann leicht dazu verleiten, diese Signale zu übersehen. Bei seinem ersten Auftritt

---

191 *Anagnorisis* geschieht im griechischen Drama zumeist durch Erkennen oder Wiedererkennen anderer Personen, geht aber stets auch mit einer veränderten Selbstwahrnehmung einher.

sagt der Herzog bereits: „Es ist ein alter Fehler, daß er [Tasso] mehr / Die Einsamkeit als die Gesellschaft sucht." (V. 243f.), um dann weiter auszuführen:

> (Alphons:) Ein edler Mensch kann einem engen Kreise
> Nicht seine Bildung danken. Vaterland
> Und Welt muß auf ihn wirken. Ruhm und Tadel
> Muß er ertragen lernen. Sich und andre
> Wird er gezwungen recht zu kennen. (V. 293–297).[192]

In der dritten Szene des fünften Aufzugs, dem letzten Gespräch Tassos mit dem Herzog, warnt Alphons den Dichter mit nahezu analytischer Schärfe vor dem seelischen Abgrund, der sich vor ihm auftut:

> Dich führet alles was du sinnst und treibst
> Tief in dich selbst. Es liegt um uns herum
> Gar mancher Abgrund den das Schicksal grub;
> Doch hier in unserm Herzen ist der tiefste
> Und reizend ist es sich hinabzustürzen.
> Ich bitte dich, entreiße dich dir selbst!
> Der Mensch gewinnt was der Poet verliert. (V. 3072–3078)

Es ist dies eine Schlüsselpassage; das tiefe Verständnis innerseelischer Determinanten, zumal was die Lust an der Selbstschädigung anbelangt, nimmt Erkenntnisse der modernen Tiefenpsychologie vorweg.[193] Zugleich ist hier noch ein weiterer Aspekt des Subjektiven zu ermessen. Goethe scheint einen unauslotbaren, letztlich nicht symbolisierbaren Kern des Ichs anzunehmen („der Abgrund im eigenen Herzen"),[194] der nur über die

---

192   Ähnlich lautende Äußerungen stammen von Antonio: „Der Mensch erkennt sich nur im Menschen, nur / Das Leben lehrt jedem was er sei." (V. 1242f.)

193   Wie erwähnt, ist es die Tancredi-Clorinda-Episode aus dem Jerusalemepos des historischen Tasso, die Goethe besonders beeindruckt. In der Beziehung der beiden Gestalten offenbart sich eine eigenartige Verschränkung von erotischen und destruktiven Triebimpulsen. Nicht von ungefähr geht auch Freud auf diese Stelle im Zusammenhang mit der Entwicklung seiner Theorie des Todestriebs ein. Vgl. Sigmund Freud, „Jenseits des Lustprinzips", in: *Psychologie des Unbewußten*. Studienausgabe, Bd. III, S. 213–272, hier: S. 232.

194   Philosophisch gesehen dürfte Goethe den Gedanken eines „individuum ineffabile" aus seiner Spinoza-Deutung abgeleitet haben. Vgl. hierzu: Dirk Kemper, *»ineffabile«. Goethe und die Individualitätsproblematik der Moderne*, München 2004, bes. S. 382–400.

Herstellung eines konstruktiven Weltbezugs fruchtbar gemacht werden kann. Wenn dies nicht gelingt, bleibt der Mensch in seiner Ichhaftigkeit gefangen; es entstehen pathologische Fixierungen in Form innerer Trugbilder und Chimären, die drohen, von der Persönlichkeit Besitz zu ergreifen. Dies geschieht nun bei Tasso in verhängnisvoller Konsequenz. Im Monolog am Beginn des vierten Aufzugs tritt wahnhaftes Erleben zum ersten Mal deutlich in Erscheinung. Es lässt sich aus der schweren Frustration und der daraus folgenden zunehmenden Isolation und Vereinsamung des Dichters erklären. Da der Hof seine bergende und schützende Funktion für ihn verloren hat, erlebt sich Tasso auf seine frühere Lebensform als schwacher, trübgesinnter und unbehauster Jüngling zurückgeworfen:

> Es geht die Sonne mir der schönsten Gunst
> Auf einmal unter; seinen holden Blick
> Entziehet mir der Fürst, und läßt mich hier
> Auf düstrem, schmalen Pfad verloren stehn.
> Das häßliche zweideutige Geflügel,
> Das leidige Gefolg der alten Nacht,
> Es schwärmt hervor und schwirrt mir um das Haupt.
> Wohin, wohin beweg ich meinen Schritt?
> Dem Ekel zu entfliehn, der mich umsaust,
> Dem Abgrund zu entgehn, der vor mir liegt? (V. 2231–2240)

Der Untergang der Sonne verdunkelt die „schöne Welt", zurück bleibt die Nacht der Melancholie. Goethe verwendet hier Bilder und Symbole, die zum festen Bestandteil der europäischen Melancholie-Tradition in Literatur und bildender Kunst zählen und bis in die Antike zurückreichen. Dürers *Melencolia I* kommt dabei eine besondere Bedeutung zu: die nächtliche Szene, die charakteristische kontemplative Pose der Allegorie mit geneigtem, auf die Hand gestütztem Haupt, das Gesicht abgeschattet (*facies nigra*), die Fledermaus, welche die beschriftete Banderole trägt, und die arrangierte Unordnung der Gegenstände, die auf die Trennung zwischen Tätigkeit und Reflexion verweist, bilden einen wichtigen ikonographischen Referenzbezug zum Text.[195] Tassos Monolog scheint überdies

---

195   Vgl. Erwin Panofsky, „Die Kulmination des Kupferstiches: Albrecht Dürers »Melencolia I«", in: *Melancholie*, hrsg. von Lutz Walther, Leipzig 1999, S. 86–106. Zur Diskursgeschichte der Melancholie von der Antike bis in die frühe Neuzeit vgl. das Standardwerk: Raymond Klibansky, Erwin Panofsky,

auf Goya vorauszudeuten. Der Goethetext liest sich in der Tat wie eine Illustration des berühmten Caprichos Nummer 43: *El sueño de la razón produce monstruos.*[196] Auch die Figur Goyas befindet sich in einem Gefängnis, sie ist zusammengesunken, in sich gekehrt, hat den Kopf auf die Arme gelegt, eine klassische Verbildlichung des melancholischen Zustands. Die existentielle Verengung, die Tasso erleidet, äußert sich textuell in einer Verengung und Verdunkelung des Raums, was durch die Adjektive „düster" und „schmal" verdeutlicht wird. Dieser Seelen- und Begriffsraum ist nicht nur düster, sondern auch abstoßend. Die Assonanzen in „häßlich", „Geflügel", „Gefolg", sowie die nahezu onomatopoetisch verwendeten Verben „schwärmen" und „schwirren" setzen auch klanglich eine Ästhetik des Hässlichen um und unterstreichen die drückende Atmosphäre des Unbehagens. Das Wort „Ekel" bezeichnet hier, über den geschilderten Sinneseindruck hinaus, das melancholische Leiden selbst und bedeutet so viel wie *taedium vitae*. Beziehungsreich ist auch die Formulierung „das leidige Gefolg' der alten Nacht". Mit „alte[r] Nacht" ist hier gemeint: „altbekannt", „vertraut", in dem Sinne, dass Tasso diese Erfahrung schon von alters her kennt, er weiß um ihre Macht über ihn. Gerade im Begriff „alte Nacht" schwingt aber auch jener oben skizzierte kulturhistorische Zusammenhang mit, der Tassos Leiden nicht als isoliertes Phänomen charakterisiert, sondern in die lange Geschichte des Melancholie-Diskurses stellt. Bezeichnend ist jedenfalls, dass nunmehr die in Hinsicht auf kreatives Schaffen bislang positiv bewertete Einsamkeit in ihr Gegenteil umschlägt. Der Ort stillen Rückzugs, das „Glück im tiefen Hain" (V. 528), in dem Liebe und Poesie zusammenklangen: „reiche / Im stillen Hain die

---

Fritz Saxl, *Saturn und Melancholie. Studien zur Geschichte der Naturphilosophie und Medizin, der Religion und der Kunst*, Frankfurt/M. 1990. Zur Melancholie bei Goethe siehe auch: Thorsten Valk, *Melancholie im Werk Goethes. Genese – Symptomatik – Therapie*, Tübingen 2002.

196   Auch Thorsten Valk erwähnt Goya in diesem Zusammenhang (Valk, S. 128). Dass es über die inhaltliche Analogie hinaus eine direkte wechselseitige Rezeption gab, ist eher unwahrscheinlich. Der gemeinsame Bezugspunkt besteht darin, dass sowohl Goethe als auch Goya auf die Schattenseite des Aufklärungszeitalters verweisen, auf jenen verdrängten irrationalen Grund, der den Menschen ebenso sehr bestimmt wie die Vernunft. Vgl. hierzu: Irmgard Egger, *Diätetik und Askese. Zur Dialektik der Aufklärung in Goethes Romanen*, München 2001, S. 172.

goldne Leier mir" (V. 1156f.), scheint verloren. Dort war die Schwermut noch willkommen, „selig" (V. 195). Auch die Nacht schien bergend und sanft: „Der stille Mond, der dich bei Nacht erfreut, / Dein Auge, dein Gemüt mit seinem Schein / Unwiderstehlich lockt." (V. 2257–2259). Irmgard Egger hat darauf hingewiesen, dass diese beiden Seiten der Melancholie im zeitgenössischen Wissensdiskurs, vor allem in Johann Georg Zimmermanns Einsamkeitslehre, eine große Rolle spielen.[197] Zimmermann sieht den Zustand der Einsamkeit einerseits als Moment erhöhter Kreativität und schöpferischer Verwirklichung („die sanfte Melancholie"), andererseits als Pathologie, qualvolle Vereinzelung und Seelenpein. Goethe, der Zimmermann rezipiert, dessen psycho-physischen „Heilmethoden"[198] aber skeptisch gegenübersteht, rekurriert in seinem Tasso-Drama auf diese beiden Melancholie-Konzepte. Als Inbegriff der konstruktiven Seite der Einsamkeit galt noch in der Goethezeit Petrarca, vor allem dessen Schrift *De vita solitaria*.[199] Petrarca erlangt so für das Drama, über den Dichter unerfüllter Liebessehnsucht hinaus, eine weitere Bedeutung als Protagonist inspirierender Natureinsamkeit. Bezeichnenderweise scheinen aber die beiden Ausdrucksformen (die „sanfte" und die „pathologische" Melancholie) kaum vermittelbar, ja sie schließen einander aus. Wie die moderne Psychopathologie am bipolaren Syndrom beobachtet, sind im Augenblick der Niedergeschlagenheit die positiven Qualitäten des anderen Zustands nicht verfügbar. Ebenso ergeht es Tasso am Schluss seines Selbstgesprächs. Er versinkt förmlich im Sog der seelischen Verdunkelung. Sicher ist sein

---

197 Irmgard Egger, *Diätetik und Askese*, S. 163ff.

198 Im Tasso-Drama ist von derartigen „Heilverfahren" auch die Rede. Herzog Alphons, der wie die übrige Hofgesellschaft Tasso als Kranken betrachtet, rät ihm zu folgender Behandlung: „Doch, guter Tasso, wenn es möglich wäre, / So solltest du erst eine kurze Zeit / Der freien Welt genießen, dich zerstreuen, / Dein Blut durch eine Kur verbessern. Dir / Gewährte dann die schöne Harmonie / Der hergestellten Sinne, was du nun / Im trüben Eifer nur vergebens suchst." (V. 3054–3062). Die herablassende Vertraulichkeit („guter Tasso") sowie die in Aussicht gestellte „Genesung" Tassos („die schöne Harmonie der hergestellten Sinne") müssen diesem, im Angesicht seines tatsächlichen Zustands, wie blanker Hohn erscheinen.

199 Vgl. hierzu: Karlheinz Stierle, *Francesco Petrarca. Ein Intellektueller im Europa des 14. Jahrhunderts*, München, Wien 2003, S. 113ff. Vgl. auch Irmgard Egger, *Diätetik und Askese*, S. 173 (Anm. 228).

Monolog Ausdruck kunstvoller Literarisierung; es ist überdies auffällig, dass der Dichter nicht nur in der Lage ist, seinen Zustand eindrucksvoll zu schildern, sondern auch über ihn zu reflektieren, was Melancholikern nicht immer gelingt.

Interessanterweise verfügte auch bereits der historische Dichter über die Fähigkeit, seine Symptome sehr anschaulich darzustellen. Auch die Doppelgesichtigkeit der Melancholie (als Form gesteigerter Inspiration sowie als Leiden) ist bereits zu belegen. Allerdings geht es dem historischen Tasso, der ja unmittelbar betroffen ist, offensichtlich darum, das Pathologische strikt vom ästhetischen Anspruch der Dichtung zu trennen. Das Individuelle ist Ausdruck der Kontingenz des menschlichen Lebens und als solches nicht kunstwürdig. Auf diesen Umstand wurde oben bereits im Zusammenhang mit der Gattungsfrage hingewiesen. In jenen Gattungen, die persönliche Aussagen zulassen, vor allem in den Briefen, und in der Renaissance aufgewertet wurden, findet sich reiches Material zum Leidenszustand des Dichters. Es ist dabei auffällig, dass Tasso über keine eindeutige Begrifflichkeit verfügt, um seine Wahrnehmungen und Empfindungen zu benennen und diese zu vermitteln; er ringt sichtlich, in Anlehnung an das aus der Tradition verfügbare Wissen, um eine Sprache, die das Erlebte annähernd authentisch wiederzugeben vermag. In einem Brief an Maurizio Cataneo vom 30. Dezember 1585 schildert er eine Reihe von akustischen und visuellen Halluzinationen, die mit deutlich pathologischen Körpersensationen einhergehen. Überdies ist von einem koboldähnlichen Geist (*folletto*) die Rede, in dem sich offensichtlich starke Verfolgungsängste materialisieren:

> Sappia dunque [Adressat ist Cataneo] qu'oltre que' miracoli del folletto [...] vi sono molti spaventi notturni; perché essendo io desto, mi è paruto di vedere alcune fiammette ne l'aria; ed alcuna volta gli occhi mi sono scintillati in modo ch' io ho temuto di perder la vista; e me ne sono uscite faville visibilmente. Ho veduto ancora nel mezzo de lo sparviero ombre de' topi, che per ragione naturale non potevano farsi in quel luogo; ho udito strepiti spaventosi, e spesso ne gli orecchi ho sentito fischi, titinni, campanelle e romore quasi d'orologi da corda; e spesso è battuta un'ora; e dormendo mi è paruto che mi si butti un cavallo adosso.[200]

---

200 *Prose*, S. 959.

Goethe dämpft das Bizarr-Wahnhafte an der Gestalt, ohne aber auf die zugrunde liegende alptraumhafte nächtliche Angstsituation („spaventi notturni") zu verzichten. Auch den Verfolgungswahn erwähnt Goethe explizit.[201] Beim historischen Tasso greift das Wahnhafte bisweilen ins Religiös-Visionäre: „E fra tanti terrori e tanti dolori, m'apparve in aria l'immagine della gloriosa Vergine, co' l Figlio in braccio, in un mezzo cerchio di colori e di vapori: laonde io non debbo disperar de la sua grazia."[202] Im Anschluss an die Mutter-Gottes-Halluzination versucht Tasso das Phänomen zu reflektieren. Er schwankt zwischen dem Einbekenntnis krankhaften Erlebens und einer tatsächlichen Gnadenerscheinung:

> E benché potesse facilmente essere une fantasia perch'io sono frenetico, e quasi sempre perturbato da vari fantasmi, e pieno di malinconia infinita, nondimeno, per la grazia d'Iddio, posso *cohibere assensum* alcuna volta, la qual operazione è del savio, come piace a Cicerone: laonde più tosto devrei credere che quello fosse un miracolo de la Vergine.[203]

Tasso bezeichnet sein Leiden mit eigenen Worten als „malinconia infinita" und spricht von sich als „frenetico" („Rasendem"). Bisweilen heißt es, er sei „forsennato" oder „pazzo"[204], manchmal redet er auch nur von Krankheit; so in dem unterwürfigen Bittschreiben an Kaiserin Maria, Gemahlin Maximilians II., in dem er sich als „infermo, e frenetico, e maleficiato" tituliert.[205] An dieser Stelle erwähnt Tasso auch Verhexung als mögliche Leidensursache. Der Diskurs kippt dann von deskriptiver Beobachtung in abergläubische Angst vor dem Irrationalen: „Vostra signoria [wieder ist der Adressat Cataneo] dee sapere ch'io fui ammalato, né fui mai risanato;

---

201 „(Alphons:) [G]egen viele / Hegt er Mißtraun, die, ich weiß es sicher, / Nicht seine Feinde sind. Begegnet ja / Daß sich ein Brief verirrt, daß ein Bedienter / Aus seinem Dienst in einen andern geht, / [...] Gleich sieht er Absicht, sieht Verräterei / Und Tücke die sein Schicksal untergräbt." (V. 315–322).

202 *Prose*, S. 959. Die christliche Bildvorgabe ist, aus moderner Perspektive, Projektion frühkindlicher Geborgenheitswünsche. Goethe verarbeitet diesen Aspekt in seiner Gestalt gleichfalls. Der Jüngling Tasso sieht im Hof von Ferrara auch einen Familienersatz, ähnlich wie die Beziehung Werthers zu Lotte mütterliche Komponenten aufweist (vgl. das Initialbild Lottes inmitten ihrer zahlreichen Geschwister, die sie an Mutter statt betreut).

203 Ebd.

204 Ebd., S. 845.

205 Ebd., S. 1005.

e forse ho maggior bisogno di l'esorcista che del medico, perch' il male è per arte magica."[206]

Leicht gerät dann das Leiden in den Vorstellungsbereich von Schuld und Sünde als Makel des durch die Erbsünde geschädigten Menschen. In dem berühmt-berüchtigten Brief an die römische Inquisition bezeichnet sich Tasso, in der Absicht, jeglichen Häresieverdacht von sich abzuwenden, als „peccante di umor melanconico".[207] Gegenüber dieser durchaus unklaren Begrifflichkeit setzt sich nun die antik-humanistische, positivierende Lesart der Melancholie ab, auf die Tasso ebenfalls rekurriert. In dem (auch in philosophischer und ästhetischer Hinsicht interessanten) Dialog *Il Messaggiero* gibt er dieser nobilitierenden Deutung der Melancholie Ausdruck; Gewährsmann für diese Sicht ist, wie zu erwarten, Petrarca, aus dessen *Canzoniere* er zitiert:

> [I]o dubiterei forte che, se fosse vero quel che communemente si dice de la mia follia, la mia visione fosse simile a quella di Penteo o d'Oreste. Ma perché di niun fatto simile a quelli d'Oreste e di Penteo sono consapevole a me stesso, come ch'io non nieghi d'esser folle, mi giova almeno di credere che questa nova pazzia abbia altra cagione. Forse è soverchia maninconia, e i maninconici, come afferma Aristotele, sono stati di chiaro ingegno ne gli studi de la filosofia e nel governo de la republica e nel compor versi; ed Empedocle e Socrate e Platone furono maninconici. [...] Si possono anche tra' maninconici annoverare Aiace e Bellerofonte: l'uno de' quali divenne pazzo a fatto; l'altro era solito d'andare pe'luoghi disabitati, laonde poteva dire:

> Solo e pensoso i più deserti campi
> Vo misurando a passi tardi e lenti
> E porto gli occhi per fuggire intenti
> Ove vestigio uman l'arena stampi.[208]

Schon die Wahl der Gattung *dialogo*, die klar auf den Platonischen Dialog verweist, impliziert eine anspruchsvollere Thematik, als der Brief zulässt. Die subjektive Perspektive tritt hier jedoch in den Hintergrund bzw. erweist sich (wie im Zitat) in ironische Distanz gesetzt und dadurch deutlich entschärft, ein Verfahren, das der Sokratischen Ironie bei Platon

---

206 Ebd., S. 955.
207 Ebd., S. 819. Die Schwermut ist allerdings aus moraltheologischer Sicht eine Todsünde. Bei Dante wird sie als *accidia* (lat. *acedia*) in der Hölle gebüßt.
208 Ebd., S. 18f. Das Petrarca-Zitat ist das erste Quartett des berühmten Sonetts Nr. XXXV aus dem *Canzoniere* (cit., S. 49).

entspricht. Die Ich-Perspektive wird überdies einer (ebenso Platon entlehn-
ten) fiktiven Gestalt, dem Fremden, („forestiero") zugewiesen und geht so
im literarischen Rollenspiel auf.

Aus dem historischen Befund lassen sich die folgenden Schlussfolgerun-
gen ziehen:

1. Es gibt in der Renaissance noch keinen klaren begrifflichen Diskurs,
der das Phänomen der Melancholie widerspruchsfrei beschreiben könnte.[209] Tassos Ringen um deskriptive Veranschaulichung belegt, dass es weder phänomenologisch noch genetisch in den Griff zu bekommen ist.

2. Die Melancholie wird nur in Ansätzen als Ich-Erfahrung begriffen, die Erfahrungsinhalte erweisen sich der Überlieferungstradition
entsprechend kodiert bzw. werden aus der kulturellen Tradition heraus
gedeutet. Das Ich vermag nicht, sich als leidendes unverstellt auszusagen. Tasso versucht, in dieser direkten Form womöglich überhaupt zum
ersten Mal, einen völlig neuen Erfahrungsbereich zu versprachlichen.
Gerade diese neue Rede von sich und seinem Leiden, wobei die Sprache der destruktiven Seite der Schwermut auch einen Überlebenswillen
entgegensetzt, wird ihm aus der Zeitsituation heraus zum Verhängnis.
Seine Krankheit diskreditiert ihn und versperrt ihm den Zugang zur
höheren Gesellschaft; es sei denn, er hätte Zuflucht zu der im Renaissancezeitalter noch möglichen Rolle des Hofnarrn genommen,[210] was
einem *poeta laureatus* wohl schlecht anstand. Die Maske, die Tasso sich

---

209 Die einzige genetische Erklärungsmethode der Melancholie lieferte bis ins
     18. Jahrhundert die antike Humorallehre. Sie wirkt in den merkwürdigen
     Kuranwendungen zur Purgierung der Körpersäfte nach, auf die der histo-
     rische Tasso des Öfteren anspielt und die, wie erwähnt, auch in Goethes
     Drama vorkommen.

210 Es gibt tatsächlich ein burleskes Gedicht, in dem sich Tasso mit einem Hof-
     narren vergleicht: „[Ad un buffone del duca Alfonso II] Signor, storta di Pal-
     la e tremebondo / cannon di Marte e turbine e tempesta, / di cui temendo di
     tremar non resta / Tifeo là sotto, onde ne squassa il pondo, // cosí armatura
     senza pari al mondo / il zoppo fabro di sua man ti vesta, / e la sua moglie un
     par di corna in testa / gli ponga, accesa del tuo amor giocondo: // opra col
     tuo signor, che si disserri / la mia prigione, o tu con un fendente / manda in
     pezzi le porte e i catenacci: // cosí n'andremo in fra la marzia gente, / tu tutto
     armato, io sol con gli spallacci, / fra noi le penne accomunando e i ferri." (*Le
     Rime*, S. 993)

schließlich erwählt, ist jene des treuen Künders der katholischen Gegenreformation, dies freilich unter nahezu vollständiger Preisgabe der
geistigen Errungenschaften der Renaissance als eines Zeitalters neuer
Subjektivität und künstlerischer Autonomie. Goethes Tasso wird einen
anderen Weg gehen. Dennoch lohnt es, die Melancholie-Problematik des
historischen Tasso noch von einer anderen Warte aus zu betrachten. Die
Leidensgeschichte des historischen Dichters belegt im Grunde, dass alle
Rede über die Melancholie nichts weiter ist als mehr oder weniger geglückte Symbolisierungsversuche eines existentiellen Zustands, der sich
in letzter Instanz jeglicher Symbolisierung entzieht und auf jenen Abgrund im eigenen Inneren verweist, von dem oben die Rede war. Bilder
und Repräsentationen wie die Vorstellung vom *poetischen Furor* und
selbst die melancholischen Symptome können als Formen der Abwehr
des Realen gesehen werden.[211] Die Flucht in die Maske der Gegenreformation war für den historischen Tasso ein letzter Rettungsversuch vor
dem drohenden seelischen und existentiellen Zusammenbruch. In gewisser Weise wollte er dabei nicht nur sich, sondern auch seine Dichtung
bewahren, die aber dadurch selbst zur Sprachmaske der Gegenreformation wird. Rettung bedeutet unter diesen Bedingungen Entsubjektivierung, Selbstauslöschung, letztlich Verstummen. Die epistemologischen
und ideologischen Voraussetzungen der Epoche ließen Tasso keine andere Möglichkeit. Die Umschrift des Jerusalemepos zur *Gerusalemme
conquistata* nach den Vorgaben einer kompromisslosen regelpoetischen
Aristotelesauslegung und einer dogmatisch unangreifbaren Rechtgläubigkeit führt zur Verarmung des künstlerischen Ausdrucks – Mimesis
unter diesen Vorzeichen wird zum Regelzwang und lässt für Originalität
keinen Raum mehr. Tassos letztes Werk *Il Mondo Creato* schließlich

---

211   Das Reale meint hier im Sinn von Lacan eben jene Instanz, die sich der
      Symbolisierung entzieht. Am deutlichsten hat dies im Hinblick auf Tasso
      Leopardi wahrgenommen. Die Melancholie ebenso wie die Produktionen
      der Phantasie bewahren vor dem Sturz ins Nichts. „La noia [...] è passione,
      non altrimenti che il dolore e il diletto." Vgl. Giacomo Leopardi, *Operette
      morali*, a cura di Giorgio Ficara, Milano 1988, S. 112. Leopardi, der Tassos
      Religiosität misstraut, sieht den Dichter der Renaissance als visionären Künder der Sinnentleertheit des menschlichen Daseins, als großen Sänger des
      Scheiterns aller Lebensentwürfe.

ist vornehmlich Kompilation und poetisierte Paraphrase frühchristlicher Genesis-Kommentare, wie sie aus der patristischen Literatur bekannt sind. Wichtigste Quelle ist hierfür Basilius von Cäsarea mit seiner Schrift *Homiliae in Hexaëmeron* („Über das Sechstagewerk"). Dennoch dringt sogar in diesem nahezu vollständig entpersonalisierten Text bisweilen die subjektive Stimme eines gequälten und gebrochenen Menschen durch, für den es keine Rettung zu geben scheint: [212]

> Dove sei? Dove sei? Chi mi ti asconde?
> Chi mi t'invola, o mio Signore e Padre?
> Misero, senza te son nulla. Ahi lasso!
> E nulla spero: ahi lasso! E nulla bramo.
> E che posso bramar se 'l tutto è nulla,
> Signor, senza tua grazia?[213]

Was sich wie ein Gebet liest, ist in Wahrheit frühneuzeitlicher Ausdruck der Angst und der inneren Zerrissenheit, die sich der Form orthodoxer Rede[214] bedient. Es handelt sich dabei um das Heraufdämmern einer neuen Art von Subjektivität, hinter der sich nicht nur das tragische Schicksal eines Einzelnen verbirgt, der um Symbolisierung einer Erfahrung ringt, für die es noch keinen Ort und keine Sprache zu geben scheint, sondern auch um eine epochale Krisenerfahrung, die in Folge des Zusammenbruchs des mittelalterlichen Weltbildes entstanden ist und die die Renaissance diskursiv noch nicht bewältigen konnte.

---

212   In dieser Hinsicht mit Tasso vergleichbar ist das späte Schaffen Caravaggios. Seine zerbrechlichen, fast gläsernen Gestalten sind wie eine Verbildlichung jener elegischen, entsinnlichten Stimme einer unsicheren, sich verflüchtigenden Subjektivität, die auch Tassos Dichtung eigen ist.
213   Torquato Tasso, *Aminta, Il Re Torrismondo, Il Mondo Creato*, a cura di Bruno Basile, Roma 1999, S. 810.
214   Ich habe im Zusammenhang mit Quevedo darauf hingewiesen, dass die Restauratio des orthodoxen Diskurses, wie in der Gegenreformation geschehen, immer auch neue querlaufende Diskurse zu Tage fördert. Vergangene Denk- und Symbolisierungsmodelle können, aufgrund des gewandelten Sinnhorizonts, nie in identischer Form reaktualisiert werden. Vgl. Verf., „Spaniens Wiedergeburt aus dem Reagenzglas. Das Villena-Gespräch in Quevedos *Sueño de la muerte*, in: Romanistische Zeitschrift für Literaturgeschichte, 30. Jg., Heft 3/4 2006, S. 493–518

3.3 Elend des Dichters, Glanz der Dichtung

Goethe zeigt uns gegen den historischen Befund einen Tasso, der sich trotz schwersten seelischen Leidens sein ureigenstes Ausdrucksvermögen als Dichter zu bewahren vermag. Der Monolog am Beginn des vierten Aufzugs steht inhaltlich betrachtet deutlich im Zeichen einer fallenden Linie: Der Protagonist stürzt immer tiefer in den Abgrund der Melancholie. Auf der sprachlich-bildlichen Ebene ist allerdings eine gegenläufige Bewegung auszumachen: Tassos Sprache gewinnt an Ausdruckskraft, die verwendeten Bilder und Symbole steigern den Erlebnisgehalt seiner Rede. Es kann daher vermutet werden, dass Tasso, anders als der historische Dichter, nicht den Weg stiller Resignation und asketischer Selbstaufgabe gehen sollte. Allerdings wird sich auch Goethes Figur erst ganz am Schluss zu jenem Akt autonomer Selbstbefreiung durchringen, der das Drama nun nicht als Tragödie enden lässt, sondern als Schauspiel mit weitgehend offenem Schluss. Der Weg dorthin verläuft keineswegs geradlinig und führt Tasso in ein Labyrinth illusionärer Gegenentwürfe zu seinem verlorenen Einheitsideal. Der Mythos vom Heldendichtertum war bereits in Folge der Auseinandersetzung mit Antonio zerbrochen. Nahezu bis zum Schluss hält Tasso jedoch an seiner Liebesidee fest. Die verhängnisvolle Umarmung der Prinzessin belegt, dass er nicht ansteht, das Ideal gewissermaßen mit Gewalt zu verwirklichen,[215] obwohl die Lösung von der Prinzessin, die ihn während seines Arrests kein einziges Mal besucht, schon begonnen hat: „Ja alles flieht mich nun. Auch du! Auch du! / Geliebte Fürstin, du entziehst dich mir.[...] Auch Sie! Auch Sie! Entschuldige sie ganz / Allein verbirg dir's nicht: auch Sie! Auch Sie! [...] Ja klage nur das bittre Schicksal an, / Und wiederhole nur, auch Sie! auch Sie!" (V. 2792–2829 passim).

Auffällig sind im Zusammenhang mit diesem als Trauerarbeit zu charakterisierenden Vorgang die verschiedenen Inszenierungen imaginärer Identität, die Tasso in Form eines differenzierten Rollenspiels, wohl im Sinne von Strategien des Selbsterhalts, ins Werk setzt. In erster Linie ist es das Bild des „armen" und „verwaisten Jüngling[s]" (V. 2336), der auch in der Vision bzw. im Tagtraum des bekränzten Dichters an der kastalischen

---

215 Diese Tat erinnert an Fausts kühnen Versuch, der Helena habhaft zu werden, dessen Erscheinung ja nur auf Sinnestäuschung beruht.

Quelle vorkommt und hilfesuchend nach fürstlicher Protektion und Zuwendung Ausschau hält.[216] Die schwere narzisstische Kränkung durch die Unbill, die den Eltern widerfährt und Tasso der mütterlichen Zuneigung beraubt, wurden dabei als prägende Erfahrung deutlich. Die Gestalt des sich im Wasser spiegelnden Narziss verweist auf die hochgradig ichbezogene Sensibilität des Dichters, die auch seine Vorstellung von Ganzheit und Idealität – als reparative Gegenstrategie – grundiert. Tasso sieht sich nicht nur als „verwaister Jüngling", sondern, semantisch nahe, auch als „Fremdling" (V. 3160). Fremdheit zählt zu den existentiellen Grunderfahrungen des Dichters. Die Gestalten am Hof von Ferrara bleiben ihm, mit Ausnahme der Prinzessin, in Wahrheit ebenso fremd, wie er der Hofgesellschaft gegenüber Außenseiter bleibt. Sein Dasein ist im Grunde von Beginn an Exil.[217] In dieser Hinsicht gleicht er dem Harfner aus den *Lehrjahren*,[218] der gleichfalls ein Wanderleben in der Fremde führt und auf diese Weise die innere Entfremdung, die sein Seelenleben zerrissen hat, zum Ausdruck bringt. Im letzten Gespräch mit der Prinzessin gestaltet Tasso das Rollenspiel zu einer eindrucksvollen Szene aus, in der er sich als „Pilger" und „Schäfer" imaginiert und nach Sorrent übersetzen lässt, um seine Schwester Cornelia aufzusuchen:

(Tasso:) Verkleidet geh ich hin [nach Sorrent], den armen Rock
Des Pilgers oder Schäfers zieh ich an.
Ich schleiche durch die Stadt wo die Bewegung
Der Tausende den einen leicht verbirgt.

---

216 So stellt sich der historische Tasso in der berühmten Kanzone *Al Metauro* dar, die Goethe nachweislich aus Serassi kannte: „O del grand'Appenino / figlio picciolo sì, ma glorioso […] a queste tue cortesi amiche sponde / per sicurezza vengo e per riposo. […] Me dal sen de la madre empia fortuna / pargoletto divelse. Ah! Di quei baci, / ch'ella bagnò di lagrime dolenti, / con sospir mi rimembra e de gli ardenti / preghi che se 'n portar l'aure fugaci." (*Le Rime*, S. 541ff.)

217 In der Kanzone heißt es weiter: „In aspro esiglio e 'n dura / povertà crebbi in quei sì mesti errori; / intempestivo senso ebbi a gli affanni: / ch'anzi stagion, matura / l'acerbità de' casi e de' dolori / in me rendé l'acerbità de gli anni." (*Le Rime*, S. 543f.)

218 An einer Stelle charakterisiert Tasso sich auch in seinem physischen Erscheinungsbild als „verwildert" (V. 3160), was ihn noch deutlicher an Augustin heranrückt, der ja seinerseits dichterische Fähigkeiten besitzt.

Ich eile nach dem Ufer, finde dort
Gleich einen Kahn mit willig guten Leuten,
Mit Bauern die zum Markte kamen, nun
Nach Hause kehren, Leute von Sorrent;
Denn ich muß nach Sorrent hinüber eilen.
Dort wohnet meine Schwester, die mit mir
Die Schmerzensfreude meiner Eltern war.[...]
Wo wohnt Cornelia? Zeigt mir es an!
Cornelia Sersale? Freundlich deutet
Mir eine Spinnerin die Straße, sie
Bezeichnet mir das Haus. So steig' ich weiter.
Die Kinder laufen nebenher und schauen
Das wilde Haar, den düstern Fremdling an.
So komm ich an die Schwelle. Offen steht
Die Türe schon, so tret' ich in das Haus. (V. 3141–3162).

In diesem Bild gewahren wir nicht nur den schöpferisch-bildenden Künstler „bei der Arbeit", wie Elizabeth M. Wilkinson meint; die Stelle bezieht ihre poetische Aussagekraft aus der emotionalen Dichte des Evozierten. Tasso, der zu diesem Zeitpunkt alles verloren hat und den Hof verlassen wird, inszeniert in diesem Tableau frühkindliche Geborgenheitswünsche. Die Szene präsentiert sich wie ein ländlich-bäuerliches Genrebild des 18. Jahrhunderts. Stark affektiv besetzt und schmerzvolle Antithese zu Tassos augenblicklicher Befindlichkeit eines Abschied Nehmenden ist auch die Vorstellung von Heimkehr. Die imaginären Akteure der Darstellung stehen gleichfalls in deutlichem Gegensatz zum höfischen Umfeld der realen Redesituation: Schäfer und Bauern, hier nicht im Gewand arkadischer Dichtung verstanden, sondern als lokale und zeitaktuelle Wirklichkeit. Wenn das Bild auch einen poetologischen Wandel Tassos hin zu einer wirklichkeitszugewandten Dichtungsform andeuten mag, so ist es zugleich Ausdruck tiefen seelischen Kummers, und auch der Pilger im heimatlichen Sorrent steht in erster Linie emblematisch für die Identitätsdiffusion des Dichters, anders gesagt: Tasso nimmt Zuflucht zu einer Kunstfigur, die zum „Supplement"[219] drohenden Identitätsverlusts wird. Diese Lesart

---

219   Der Derrida'sche Begriff kommt schon bei Rousseau vor und findet sich auch bei Goethe. In den *Lehrjahren* heißt es: „Ich habe immer gesehen, versetzte Natalie, daß unsere Grundsätze nur ein Supplement zu unseren Existenzen sind" (*Wilhelm Meisters Lehrjahre*, FA, Bd. 9, S. 946).

gewinnt im Fortgang des Gesprächs an Plausibilität. Tasso fleht die Prinzessin förmlich an, ihn als Gärtner[220] in einem der herzoglichen Lustschlösser zu beschäftigen. Der anschauliche Realismus, mit dem er seine Tätigkeit schildert, grenzt an Tragikomik: „Es hat der Fürst so manches schöne Schloß, / So manchen Garten, der das ganze Jahr / Gewartet wird [...] / Dort schickt mich hin! Dort laßt mich euer sein! / Wie will ich deine[221] Bäume pflegen! die Zitronen / Im Herbst mit Brettern und mit Ziegeln decken." (V. 3190–3199 passim). Die Prinzessin erkennt allerdings das ganze Ausmaß an Verzweiflung, das aus diesen Worten spricht: „Ich finde keinen Rat in meinem Busen / Und finde keinen Trost für dich – und uns. / Mein Auge blickt umher ob nicht ein Gott / Uns Hülfe reichen möchte?" (V. 3212–3215). Die Prinzessin wirkt betroffen und hilflos. Die Ambiguität ihrer Gefühle Tasso gegenüber („Das schönste Heilungsmittel wirkt nicht mehr. / Ich muß dich lassen, und verlassen kann / Mein Herz dich nicht." [V. 3219–3221]) löst aber bei diesem einen letzten manischen Umschwung aus, der in der Umarmung der Prinzessin zugleich Höhepunkt und Ende findet. Das „Hinweg" der Prinzessin stößt Tasso in die endgültige Isolation und führt zu einem neuerlichen, heftigen Ausbruch paranoiden Wahns. Der Fürst erscheint ihm als Tyrann, Antonio als sein Kerkermeister, die Prinzessin wird zur Buhlerin, sich selbst sieht er „verbannt als Bettler" (V. 3312f.) und als „Opfertier" (V. 3314), das man zum Altar führt.

Gesprächspartner in der letzten Szene ist Antonio. Er tritt hier allerdings nicht mehr als Widersacher auf, sondern, deutlich humanisiert, in der Rolle des Mitfühlenden, wenngleich ihm der Dichter auch jetzt fremd bleibt. Immerhin führt seine Präsenz zu einer Mäßigung Tassos. Die Wut verwandelt sich in Trauer, äußert sich als „leiser Schmerzens-Laut" (V. 3374). Es kehrt das idealisierte Bild des Hofes und der Liebe zur Prinzessin ein letztes Mal zurück. („Wie schön es war was ich mir selbst verscherzte." [V. 3384]). Goethe erweist sich als Meister in der Zeichnung kontradiktorischer Seelenlagen. Er lässt die Ambivalenzen innerhalb der Figur sich vollends

---

220 Die Vorstellung ist so abwegig nicht, wenn man bedenkt, dass beispielsweise Rousseau und auch Goethe selbst das Botanisieren als antimelancholische Strategie praktiziert haben.

221 Auch an dieser Stelle fällt der Wechsel der Pronomina auf: „Laßt mich euer sein" – „Wie will ich deine Bäume pflegen."

ausprägen, die Zerrissenheit ganz Gestalt werden. Diese Zerrissenheit unverstellt auszusagen, ohne sich der Masken des Wahns und des Imaginären
zu bedienen, ist die große Errungenschaft in Goethes Tasso im Verhältnis zur historischen Gestalt. Auf der Höhe unbedingter und illusionsloser
Wahrhaftigkeit stellt sich nun auch das Verhältnis zur Dichtung neu:

> (Tasso:) Ist alle Kraft verloschen, die sich sonst
> In meinem Busen regte? bin ich Nichts,
> Ganz Nichts geworden?
> Nein, es ist alles da, und ich bin nichts;
> Ich bin mir selbst entwandt, sie ist es mir! [...]
> Nein, Alles ist dahin! – Nur Eines bleibt:
> Die Träne hat uns die Natur verliehen.
> Den Schrei des Schmerzens, wenn der Mann zuletzt
> Es nicht mehr trägt – Und mir noch über alles –
> Sie ließ im Schmerz mir Melodie und Rede,
> Die tiefste Fülle meiner Not zu klagen:
> Und wenn der Mensch in seiner Qual verstummt,
> Gab mir ein Gott zu sagen, wie ich leide. (V. 3414–3418; 3426–3433).

Die Utopie von der Einheit zwischen Dichtung und Leben ist endgültig
zerbrochen. Tasso hat so gesehen tatsächlich eine *desengaño*-Erfahrung
gemacht. Lebenswirklichkeit und Kunstwahrheit treten auseinander. Die
Ich-Spaltung, die oben als innerpsychische Erfahrung Tassos in Erscheinung getreten war, verwandelt sich nun in eine bewusst vollzogene Trennung zwischen erlebendem und dichterischem Ich. („Nein, es ist alles da,
und ich bin nichts.“). Dieser Schluss ist ohne Zweifel als Plädoyer für die
Dichtung gemeint. Die Worte des Herzogs: „Ich bitte dich, entreiße dich
dir selbst! / Der Mensch gewinnt was der Poet verliert.“ (V. 3077f.) finden
sich nun aus der Perspektive Tassos in ihr genaues Gegenteil verkehrt: Der
Poet gewinnt, was der Mensch verliert. Und was der Dichter bereits im
Gleichnis des Seidenwurms als unmittelbare Antwort auf die Äußerung des
Herzogs intendiert hatte, erfährt nun am Schluss noch einmal eine Steigerung. Offen bleibt allerdings, wie hoch der Preis menschlicherseits für die
Gabe der Dichtung anzusetzen ist. Verzicht auf persönliches Glück? Oder
sogar Ich- und Weltverlust? Die Dichtung mag Kompensation des Leidens
sein, sie bleibt aber in ihrem Wesen Mysterium: „Es ist alles da, und ich
bin nichts.“, „Nur Eines bleibt: / Die Träne hat uns die Natur verliehen.“,
„Und wenn der Mensch in seiner Qual verstummt, / Gab mir ein Gott zu

sagen, wie ich leide." „Es", „Natur" und „ ein Gott" werden zu Chiffren für die Dichtung als *arcanum*, dem sich der Dichter selbst zum Opfer bringt. Dichtung tritt hier in einer neuen Radikalität zu Tage, weil sie als vollständig autonom der Welt, der Gesellschaft und sogar dem Leben des Dichters gegenüber erachtet wird und zugleich den Anspruch universeller Gültigkeit erhebt.[222] Eine solche Dichtungsauffassung kann nur in einem Verhältnis der Differenz zur Welt verstanden werden und nicht als Ausdruck der Versöhnung. In der Tat endet das Drama nicht versöhnlich:[223]

> (Tasso:) Ich scheine nur die sturmbewegte Welle. [...]
> In dieser Woge spiegelte so schön
> Die Sonne sich, es ruhten die Gestirne
> An dieser Brust, die zärtlich sich bewegte.
> Verschwunden ist der Glanz, entflohn die Ruhe.
> Ich kenne mich in der Gefahr nicht mehr,
> Und schäme mich nicht mehr es zu bekennen.
> Zerbrochen ist das Steuer und es kracht

---

222 Lawrence Ryan deutet den Schluss des Dramas als Ablösung einer überholten epischen Weltsicht hin zu einer subjektiv gedeuteten: „Die formende Kraft des Dichtens steht nunmehr im Dienst der ichgebundenen subjektiven Aussage. Mit einem Wort: der tragische Untergang des epischen, Welt gestaltenden Dichters leitet zur Geburt des lyrischen, bekennenden Dichters hinüber: aus Tasso ist gleichsam ein Goethe geworden." Ryan, S. 312. Streng genommen sagt Goethe nicht, welcher Art Tassos neue Dichtung ist, auch nicht, dass sie „lyrisch-bekennend" sein wird.

223 Der Schluss wurde in der Forschung bisweilen versöhnlich gedeutet. Neumann schreibt entsprechend seinem strukturell-formalen Ansatz: „*Torquato Tasso* endet nicht als Katastrophe eines Individuums, sondern mit dem Einbezug dieses – freilich entsagenden – Individuums in eine Grundpolarität, ohne daß dieses zerstört würde." (Neumann, S. 153). Ähnlich fasst Hinderer *Tasso* als Schauspiel auf, „das die Widersprüche der Wirklichkeit enthüllt und bildlich-anschaulich (eben nicht idealistisch-philosophisch wie manches zeitgenössische literarische Werk) zu versöhnen sucht." (Hinderer, S. 253). Der Textbefund legt in Wahrheit ein dialektisches Verhältnis zwischen den unterschiedlichen im Drama thematisierten Konfliktbereichen nahe, das Scheitern rückt aber in greifbare Nähe. Neumann muss die Metapher vom Schiffbruch zu einer positiven Seinserfahrung umdeuten, um seine Lesart zu stützen: „Aber niemals [in Goethes Werk] ist [der] Schiffbruch endgültig; zwar verknüpft sich häufig (so in der *Natürlichen Tochter*) mit ihm das Motiv der Entsagung, aber stets zugleich das der letzten Zuversicht, Rettung und lösenden Harmonie." (Neumann, S. 160).

Das Schiff an allen Seiten. Berstend reißt
Der Boden unter meinen Füßen auf!
Ich fasse dich mit beiden Armen an!
So klammert sich der Schiffer endlich noch
Am Felsen fest, an dem er scheitern sollte. (V. 3435; 3442–3453).

Goethes *Tasso* endet in einer offenen, nicht aufgehobenen Spannung. Versöhnung wird hier lediglich im Sprachbild der Kosmosmetapher („es ruhten die Gestirne an dieser Brust"), in der auch ein letztes Mal die Liebe zur Prinzessin mitschwingt, als uneinholbar erinnert (Präteritum!). Die Gegenwart tritt demgegenüber als Zustand der Unruhe und andauernden Gefährdung ins Bewusstsein. Gefährdung meint vor allem auch drohenden Ich- und Weltverlust („Ich kenne mich in der Gefahr nicht mehr"), ein Gedanke, den auch das Bild des am Felsen[224] scheiternden Schiffs symbolisiert. Auffällig ist an dieser Stelle, dass Goethe Tassos Erfahrung in zwei unterschiedlichen Sinnbildern fasst. Zunächst in Gestalt der Welle, darauf in Form des berstenden Schiffs. Beide Metaphern beziehen sich in diesem Kontext auf Tassos Existenz, sie können aber nicht dasselbe meinen.[225] Es scheint vielmehr, dass der Bildbereich „Welle", „Woge", „Spiegel", „Gestirne", „Glanz" das poetische Ich bezeichnet, das Begriffsfeld „Schiff", „zerbrochenes Steuer", „aufgerissener Boden", „Scheitern" hingegen das erlebende. Dichtung und Welt treten nun auch über die Sprachbilder in einen offenen Gegensatz. „Welle" und „Schiff" verhalten sich andererseits auch antithetisch zum Felsen, der die außerkünstlerische Wirklichkeit meint. Die unterschiedliche Semantik der Bildbereiche „Welle" und „Schiff" begründen deren gegensätzliches Verhältnis zum Felsen. Das Schiff geht am Felsen unweigerlich zugrunde; die Welle hingegen, die selbst Natur ist, kann dem Gestein eine zwar sanfte, dafür aber beständige Macht entgegensetzen. In dieser Form kann sie überdauern und am

---

224 Oftmals wurde Antonio als dieser „Fels" verstanden: „Der tragische Zwiespalt zwischen Dichter und Wirklichkeit wird Tasso bewußt in der Art, wie er jetzt Antonio als den ‚Felsen, an dem er scheitern sollte', erkennt". (Rasch, S. 176). Die Metaphorik zielt m. E. an dieser Stelle über die persönliche Konfliktsituation Tasso-Antonio hinaus und bezeichnet die allgemeine Problematik in der Beziehung zwischen Dichtung und Welt.

225 Auf diesen „eigentümlichen Bruch der Bildvorstellung", der zweifellos deutungsrelevant ist, weist bereits Rasch (S. 178) hin.

Ewigen teilhaben, auch wenn der Dichter dafür die höchste Gefährdung „bis zur Selbstauflösung" zu gewärtigen hat.[226] „Scheitern" ist denn auch Goethes letztes Wort im Drama von Torquato Tasso.[227]

---

226 Benno von Wiese, S. 69.
227 Die Metapher des Schiffbruchs als Ausdruck des menschlichen Scheiterns gehört zur sprachlichen Grundfigur moderner Dichtung. In Trakls Gedicht *Klage* begegnet sie in einem Kontext, der motivisch mit dem Schluss *Tassos* vergleichbar ist: „Und es klagt die dunkle Stimme / Über dem Meer. / Schwester stürmischer Schwermut / Sieh ein ängstlicher Kahn versinkt / Unter Sternen, / Dem schweigenden Antlitz der Nacht."
(Georg Trakl, *Dichtungen und Briefe*, hrsg. von Walter Killy und Hans Szklenar, Salzburg 1969, S. 94).

4. Literaturverzeichnis

I. Textausgaben

Tasso:

Torquato Tasso, *Poesie*, a cura di Francesco Flora, Milano, Napoli 1964.

Torquato Tasso, *Prose*, a cura di Ettore Mazzali, Milano Napoli 1959.

Weitere Ausgaben:

Dialoghi, a cura di Bruno Basile, Milano 1991.

Le Rime, a cura di Bruno Basile, tomo I, Roma 1994.

Aminta. Favola boschereccia. Ein Hirtenspiel. Italienisch/Deutsch, übers. und hrsg. von János Riesz, Stuttgart 1995.

Aminta, Il Re Torrismondo, Il Mondo Creato, a cura di Bruno Basile, Roma 1999.

Goethe:

Johann Wolfgang Goethe, *Sämtliche Werke. Briefe, Tagebücher und Gespräche*, 40 Bde., hrsg. von Henrik Birus, Dieter Borchmeyer, Karl Eibl [u.a.], Frankfurter Ausgabe, Frankfurt/M. 1985ff. [=FA].

Textgrundlage:

Klassische Dramen. Iphigenie auf Tauris, Egmont, Torquato Tasso, hrsg. von Dieter Borchmeyer, Frankfurt 1988 [=FA, Bd. 5].

Andere zitierte Autoren:

Ludovico Ariosto, *Orlando furioso*, a cura di Lanfranco Caretti. Presentazione di Italo Calvino, vol. I, Torino 1966.

Aristoteles, *Poetik*, Griechisch/Deutsch, übers. und hrsg. von Manfred Fuhrmann, Stuttgart 1982.

Pedro Calderón de la Barca, *La vida es sueño*, Edición de Ciriaco Morón, Madrid 1995.

Catull, *Sämtliche Gedichte*, Lateinisch/Deutsch, übers. und hrsg. von Michael von Albrecht, Stuttgart 2001

Georg Wilhelm Friedrich Hegel, *Ästhetik*, Dritter Teil, Die Poesie, Stuttgart 1971.

Giacomo Leopardi, *Operette morali*, a cura di Giorgio Ficara, Milano 1988.

Karl Philipp Moritz, *Werke* in zwei Bänden, Bd.1., Berlin, Weimar 1981.

Francesco Petrarca, *Canzoniere*. Introduzione di Roberto Antonelli. Testo critico e saggio di Gianfranco Contini, Torino 1992.

Pico della Mirandola, *De hominis dignitate. Über die Würde des Menschen*, Lateinisch/Deutsch, Stuttgart 1997.

Jean Racine, *Phèdre*. Tragédie en cinq actes. Französisch/Deutsch, übers. und hrsg. von Wolf Steinsieck, Stuttgart 1995.

Friedrich Schiller, *Theoretische Schriften*, hrsg. von Rolf-Peter Janz, Frankfurt/M. 2008.

Georg Trakl, *Dichtungen und Briefe*, hrsg. von Walter Killy und Hans Szklenar, Salzburg 1969.

II. Forschungsliteratur

Maria Grazia Accorsi, *Aminta: Ritorno a Saturno*, Soveria Mannelli 1998.

Andreas Anglet, *Der „ewige" Augenblick. Studien zur Struktur und Funktion eines Denkbildes bei Goethe*, Köln, Weimar, Wien 1991.

Achim Aurnhammer (Hg.), *Torquato Tasso in Deutschland. Seine Wirkung in Literatur, Kunst und Musik seit der Mitte des 18. Jahrhunderts*, Berlin, New York 1995.

Erhard Bahr, „Von Mimesis zu Poiesis. Die Evolution des modernen Dichters in Goethes *Tasso*. Zur Interpretation der Schlußszene.", in: *Sinn und*

Symbol. Festschrift für Joseph P. Strelka zum 60. Geburtstag, hrsg. von Karl Konrad Polhein, Bern, Frankfurt, [u.a.], 1987, S. 87–94.

Hans Blumenberg, *Die Legitimität der Neuzeit*, Frankfurt/M. 1988.

Lieselotte Blumenthal, „Arkadien in Goethes »Tasso«, in: Goethe. Neue Folge des Jahrbuchs der Goethe-Gesellschaft, Bd. 21, Weimar 1959, S. 1–24.

Dieter Borchmeyer, *Höfische Gesellschaft und französische Revolution bei Goethe. Adliges und bürgerliches Wertsystem im Urteil der Weimarer Klassik*, Kronberg/Ts. 1977.

Dieter Borchmeyer, *Weimarer Klassik. Portrait einer Epoche*, Weinheim 1998.

Jacob Burckhardt, *Die Kultur der Renaissance in Italien*, Stuttgart 1976.

Christa Bürger, „Der bürgerliche Schriftsteller im höfischen Mäzenat. Literatursoziologische Bemerkungen zu Goethes »Tasso«.", in: *Deutsche Literatur zur Zeit der Klassik*, hrsg. von Karl Otto Conrady, Stuttgart 1977, S. 141–153.

Peter Bürger, „Zum Problem der Autonomie der Kunst in der bürgerlichen Gesellschaft", in: ders., *Theorie der Avantgarde*, Frankfurt 1974.

Lanfranco Caretti, *Ariosto e Tasso*, Torino 2001.

Ernst Cassirer, *Individuum und Kosmos in der Philosophie der Renaissance*, Darmstadt 1994.

Irmgard Egger, *Diätetik und Askese. Zur Dialektik der Aufklärung in Goethes Romanen*, München 2001.

Norbert Elias, *Die höfische Gesellschaft*, Frankfurt/M. 1999.

Michel Foucault, *Les mots et les choses. Une archéologie des sciences humaines*, Paris 1966.

Sigmund Freud, „Jenseits des Lustprinzips", in: *Psychologie des Unbewußten*, Studienausgabe, Bd. III, S. 213–272.

Klaus Garber (Hg.), *Europäische Bukolik und Georgik*, Darmstadt 1976.

119

Gérard Genette, *Die Erzählung*, Paderborn 2010.

Claudio Gigante, „La revisione della *Liberata*: Le *Lettere poetiche* e l'*Allegoria*", in: ders., *Tasso*, Roma 2007.

Gabriele Girschner, Goethes »Tasso«. Klassizismus als ästhetische Regression, Königstein/Ts. 1981.

Christian Grawe (Hg.), *Torquato Tasso. Erläuterungen und Dokumente*, Stuttgart 2003.

Albert Gier, „Ecco l'ancilla tua...Armida in der Oper zwischen Gluck und Rossini", in: *Torquato Tasso in Deutschland*, S. 643–660.

Walter Hinderer, „Torquato Tasso", in: *Interpreationen. Goethes Dramen*, hrsg. von W. Hinderer, Stuttgart 2005, S. 199–253.

Otfried Höffe, „Einführung in Aristoteles' Poetik", in: *Aristoteles, Poetik*, hrsg. von Otfried Höffe, Berlin 2009.

Thomas Sören Hoffmann, *Philosophie der Renaissance. Eine Einführung in 20 Porträts*, Wiesbaden 2007.

Angelika Jacobs, *Goethe und die Renaissance*. Studien zum Konnex von historischem Bewußtsein und ästhetischer Identitätskonstruktion, München 1997.

Andreas Kablitz, „Dichtung und Wahrheit – Zur Legitimität der Fiktion in der Poetologie des Cinquecento", in: *Ritterepik der Renaissance*, Akten des deutsch-italienischen Kolloquiums Berlin 30.3. – 2.4. 1987, hrsg. von Klaus W. Hempfer, Stuttgart 1989.

Gerhard Kaiser, „Der Dichter und die Gesellschaft in Goethes »Torquato Tasso«", in: ders., *Wandrer und Idylle*. Goethe und die Phänomenologie der Natur in der deutschen Dichtung von Geßner bis Gottfried Keller, Göttingen 1977, S. 175–208.

Dirk Kemper, »*ineffabile*«. *Goethe und die Individualitätsproblematik der Moderne*, München 2004.

Raymond Klibansky, Erwin Panofsky, Fritz Saxl, *Saturn und Melancholie. Studien zur Geschichte der Naturphilosophie und Medizin, der Religion und der Kunst*, Frankfurt/M. 1990.

Hartmut Köhler, „Tassos Lyrik in deutscher Übersetzung", in: *Torquato Tasso in Deutschland*, S. 537–553.

Helmut Koopmann: „Über naive und sentimentalische Dichtung", in: *Schiller Handbuch*, hrsg. von Helmut Koopmann, Stuttgart 1998, S. 627–638.

Joachim Küpper, *Diskurs-Renovatio bei Lope de Vega und Calderón*, Tübingen, 1990.

Joachim Küpper, *Die entfesselte Signifikanz. Quevedos Sueños, eine Satire auf den Diskurs der Spätrenaissance*, Egelsbach, Köln, New York 1992.

Dorothea Kuhn, „Versuche über Modelle der Natur in der Goethezeit", in: *Genio huius loci*. Dank an Leiva Petersen, hrsg. von Dorothea Kuhn und Bernhard Zeller, Wien, Köln, Graz 1982, S. 267–290.

Ulrich Leo, *Torquato Tasso. Studien zur Vorgeschichte des Secentismo*, Bern 1951.

Johannes Mantey, *Der Sprachstil in Goethes „Torquato Tasso"*, Berlin 1959.

Karl Maurer, *Goethe und die romanische Welt*, Paderborn, München [u.a.] 1997.

Albert Meier, „»Und so ward sein Leben selbst Roman und Poesie«. Tasso-Biographien in Deutschland", in: *Torquato Tasso in Deutschland*, S. 11–32.

Helmut Merkl, „Spiel zum Abschied. Betrachtungen zur Kunst des Leidens in Goethes *Torquato Tasso.*", in: Euphorion. Zeitschrift für Literaturgeschichte, 82. Bd., 1988, S. 1–24.

Peter Michelsens, „Goethes Torquato Tasso: *poeta delaureatus*", in: *Torquato Tasso in Deutschland*, S. 65–84.

Peter D. Moser, „Nochmals zu den ‚Drei Philosophen'. Ist der Giorgione-Code im Kunsthistorischen Museum wirklich geknackt worden?", in: *Was aus Fehlern zu lernen ist in Alltag, Wissenschaft und Kunst*, hrsg. von Otto Neumaier, Wien, Berlin 2010, S. 157–192.

Gerhard Neumann, *Konfigurationen. Studien zu Goethes ‚Torquato Tasso'*, München 1965.

Patricia Oster, „Transparenz und Trübung in Arkadien. Der Schleier in Tassos Aminta", in: Compar(a)ison 2 (1993), On pastoral, S. 65–86.

Erwin Panofsky, „Die Kulmination des Kupferstiches: Albrecht Dürers »Melencolia I«", in: *Melancholie*, hrsg. von Lutz Walther, Leipzig 1999, S. 86–106.

Hellmuth Petriconi; „Das neue Arkadien", in: *Europäische Bukolik und Georgik*, S. 181–201.

Helmut Pfotenhauer (Hg.), *Kunstliteratur als Italienerfahrung*, Tübingen 1991.

Giovanni da Pozzo, *L'ambigua armonia*. Studio sull'*Aminta* del Tasso, Firenze 1983.

Wolfdietrich Rasch, *Goethes »Torquato Tasso«. Die Tragödie des Dichters*, Stuttgart 1954.

Gerhard Regn, *Torquato Tassos zyklische Liebeslyrik und die petrarkistische Tradition*. Studien zur *Parte prima* der *Rime* (1591/1592), Tübingen 1987.

Gerhard Regn, „Schicksale des fahrenden Ritters. Torquato Tasso und der Strukturwandel der Versepik in der italienischen Spätrenaissance.", in: Michael Titzmann (Hg.), *Modelle des literarischen Strukturwandels*, Tübingen 1991, S. 45–68.

Lawrence Ryan, „Die Tragödie des Dichters in Goethes »Torquato Tasso«, in: Jahrbuch der deutschen Schillergesellschaft, 9. Jg. 1965, S. 283–322.

Francesco Sberlati, *Il genere e la disputa. La poetica tra Ariosto e Tasso*, Roma 2001.

Helmut J. Schneider, „Goethes Schauspiel *Torquato Tasso* und Tassos Hirtenspiel *Aminta*. Eine Skizze zum Fortleben der pastoralen Tradition.", in: *Goethe und Italien*, hrsg. von Willi Hirdt und Birgit Tappert, Bonn 2001, S. 313–327.

Ulrich Schulz-Buschhaus, *Das Madrigal. Zur Stilgeschichte der italienischen Lyrik zwischen Renaissance und Barock*, Bad Homburg [u.a.] 1969.

Pierantonio Serassi, *La vita di Torquato Tasso*, Rom 1785 [Viareggio 1996].

Bruno Snell, „Arkadien. Die Entdeckung einer geistigen Landschaft", in: ders., *Die Entdeckung des Geistes. Studien zur Entstehung des europäischen Denkens bei den Griechen*, Hamburg 1955, S. 371–400.

Angelo Solerti, *Ferrara e la corte estense del secolo decimosesto*, Città di Castello 1891.

Angelo Solerti, *Vita di Torquato Tasso*, I-III, Torino 1895.

Karlheinz Stierle, „Episches und lyrisches Pathos. Torquato Tassos *Canzone al Metauro*", in: *Festschrift für Alfred Noyer-Weidner*, hrsg. von Klaus W. Hempfer und Gerhard Regn, Wiesbaden 1983, S. 155–169.

Karlheinz Stierle, „Erschütterte und bewahrte Identität – Zur Neubegründung der epischen Form in Tassos »Gerusalemme liberata«", in: *Das Epos in der Romania. Festschrift für Dieter Kremers zum 65. Geburtstag*, hrsg. von Susanne Knaller und Edith Mara, Tübingen 1986, S. 383–414.

Karlheinz Stierle, *Francesco Petrarca. Ein Intellektueller im Europa des 14. Jahrhunderts*, München, Wien 2003.

Reinhard Travnicek, „Spaniens Wiedergeburt aus dem Reagenzglas. Das Villena Gespräch in Quevedos „Sueño de la muerte", in: Romanistische Zeitschrift für Literaturgeschichte, 30. Jg., Heft 3/4 2006, S. 493–518.

Reinhard Travnicek, „Der Widerstand der Fortuna: Zur christlichen Deutung einer paganen Allegorie in Dantes *Göttlicher Komödie*", in. Deutsches Dante Jahrbuch, 82. Bd. 2007, S. 87–118.

Hans Rudolf Vaget, „Um einen Tasso von außen bittend: Kunst und Dilettantismus am Musenhof von Ferrara", in: Deutsche Vierteljahrsschrift für Literaturwissenschaft und Geistesgeschichte 54 (1980), S. 232–258.

Thorsten Valk, *Melancholie im Werk Goethes. Genese – Symptomatik – Therapie*, Tübingen 2002.

Karl Vossler, „Tassos »Aminta« und die Hirtendichtung", in: *Europäische Bukolik und Georgik*, S. 165–180.

Benno von Wiese, „Goethe: Torquato Tasso", in: *Deutsche Dramen von Gryphius bis Brecht*, Frankfurt/M., Hamburg 1965.

Elizabeth M. Wilkinson, „'Tasso – Ein gesteigerter Werther' in the light of Goethe's principle of 'Steigerung' ", in: E. M. Wilkinson und L. A. Willoughby, *Goethe. Poet and Thinker*, London 1962, S. 185–213.

Bernd Witte, Theo Buck, Hans-Dietrich Dahnke (Hgg.) [u.a.], *Goethe Handbuch*, 4 Bde., Stuttgart 1996ff.

Viktor Žmegač (Hrsg.), *Geschichte der deutschen Literatur vom 18. Jahrhundert bis zur Gegenwart*, Bd. I/1 1700–1848, Königstein/Ts. 1984.

* 9 7 8 3 6 3 1 6 5 1 9 4 0 *